LES CAUSES
DE
NOS DÉSASTRES

PROJET DE RÉORGANISATION DE L'ARMÉE

Traduction et reproduction interdites.

LES CAUSES

DE

NOS DÉSASTRES

PROJET DE RÉORGANISATION DE L'ARMÉE

(FAISANT SUITE A *LA CAMPAGNE DE 1870 JUSQU'AU 1er SEPTEMBRE*)

PAR

UN OFFICIER D'ÉTAT-MAJOR DE L'ARMÉE DU RHIN

Auvergne, à moi, ce sont les ennemis.

BRUXELLES
LIBRAIRIE UNIVERSELLE DE J. ROZEZ
87, RUE DE LA MADELEINE, 87

1871

LES CAUSES DE NOS DÉSASTRES

PROJET DE RÉORGANISATION DE L'ARMÉE

TROISIÈME PARTIE.

Les causes de nos désastres.

Nous arrivons maintenant à la partie difficile et délicate de notre projet, celle qui a pour but d'établir, ainsi que nous l'annoncions en commençant, la part qui revient dans nos désastres, d'un côté aux vices de nos institutions et à notre mauvaise organisation militaire, et de l'autre à l'ignorance et à l'impéritie de nos chefs.

Les causes de nos désastres sont multiples, et ce ne sont pas celles qu'on distingue le plus facilement qui ont eu la plus grande influence.

Dans une question aussi complexe nous appellerons à notre secours la méthode, et nous rechercherons ces causes dans les quatre éléments desquels dépend le sort des opérations d'une campagne :

1° La préparation de la guerre et la mobilisation de l'armée ;

2° La constitution de l'armée mobile, son instruction militaire et son ressort moral ;

3° La direction des opérations sur le théâtre de la guerre, c'est-à-dire la stratégie ;

4° La conduite des troupes sur le champ de bataille, c'est-à-dire la tactique.

Nous nous sommes arrêté avec intention, dans notre récit historique, à la date du 1ᵉʳ septembre. Les événements postérieurs de la lutte soutenue par l'armée régulière, les siéges de Strasbourg, de Metz, ainsi que l'héroïque défense de Paris, ne sont par le fait que des épisodes d'où l'on ne peut tirer de leçons générales au point de vue de l'art de la guerre.

Quant à la résistance nationale, pour l'organisation de laquelle le Gouvernement a déployé tant d'activité et d'énergie, elle nous a montré ce que peut un peuple qui défend son indépendance et l'intégrité de son territoire ; mais elle a prouvé aussi, d'une manière bien triste, l'impuissance des masses contre des forces organisées, et ce ne sera point un des moindres enseignements de cette guerre au point de vue de la constitution des armées.

CHAPITRE I.

I. PRÉPARATION INSUFFISANTE DE LA GUERRE EN PERSONNEL ET MATÉRIEL. — MAUVAIS SYSTÈME DE MOBILISATION : CONFUSION ET LENTEUR POUR GROUPER LES ÉLÉMENTS, MANQUE D'UNITÉ ET DE CONFIANCE DANS L'ENSEMBLE.

I. Préparation insuffisante de la guerre.

Nous avons fait ressortir dans la première partie de cet écrit les fautes qui ont précédé les opérations effectives de la campagne : combien la préparation de la guerre avait été défectueuse au point de vue politique et militaire ; dans quelle infériorité numérique se trouvaient les forces de la France par rapport à celles réunies de l'Allemagne du Nord et de l'Allemagne du Sud, les ressources restreintes dont nous disposions pour constituer en arrière nos réserves ; l'imprévoyance et l'incurie qui avaient présidé à l'organisation de nos places fortes : On avait laissé dans les petites un matériel énorme qui devint successivement la proie de l'ennemi, et les grandes n'étaient ni approvisionnées ni armées ; l'absurdité enfin du plan de campagne adopté, qui consistait à prendre l'offensive dans de telles conditions.

Ce sont là, bien évidemment, au point de vue militaire, les causes premières et capitales de nos désastres, et nous espérons avoir démontré que nos forces, si restreintes qu'elles fussent, eussent été suffisantes si on les avait employées selon les règles de l'art, pour arrêter, momentanément du moins, la marche de l'ennemi et nous permettre d'organiser les moyens qui nous restaient et d'avoir ainsi la seule force qui nous ait manqué dans cette campagne, la force du nombre.

Ces fautes, si graves, étaient cependant celles qu'on pouvait le plus facilement éviter. Elles proviennent en effet, non d'un vice de notre organisation militaire, mais de l'incurie, de l'imprévoyance et de l'incapacité de ceux qui présidaient aux opérations. La responsabilité en retombe non sur l'armée elle-même, mais sur l'Empereur et ses conseillers intimes, particulièrement sur le maréchal Lebœuf, ministre de la guerre, qui était assez aveugle pour croire ou assez flatteur pour dire : que notre armée était prête à entrer en campagne, alors que les événements sont venus prouver que nous n'avions ni hommes, ni chevaux, ni matériel, pas même des fusils en nombre suffisant.

Lorsque les destinées de l'armée ne dépendront plus du caprice d'un homme entouré de courtisans cherchant plutôt à plaire au maître qu'à lui dépeindre d'une façon vraie et énergique la situation, lorsqu'elle marchera non dans un intérêt dynastique, mais pour l'indépendance ou l'honneur du pays, que la direction en sera confiée aux plus dignes et aux plus capables, de pareilles erreurs, de pareilles fautes ne seront pas à craindre. Il ne faut pas juger de la solidité et de l'étendue des connaissances militaires des chefs de notre armée par celles de généraux qui, depuis dix ans, étudiaient l'art militaire dans les salons des Tuileries, y cherchaient l'inspiration de leurs plans de campagne, et en sortaient appauvris au physique comme au moral, certains mêmes n'ayant plus la bravoure et le courage qui avaient fait leur réputation et leur avancement dans leurs jeunes années.

D'autres généraux, au contraire, intelligents, expérimentés, ayant fait leurs preuves, que l'opinion publique dans l'armée désignait pour des commandements importants, étaient laissés de côté : on les accusait de tiédeur pour la personne ou pour le gouvernement de l'Empereur, et ces motifs futiles privaient l'armée de lumières don elle avait tant besoin. Toutefois, nous ne devons pas le regretter aujourd'hui et c'est bien le cas de dire avec La Fontaine : « Dieu fait bien ce qu'il fait. » Si le général Trochu avait eu un commandement au début de la guerre, il serait probablement prisonnier comme nous en ce moment, et il est permis de croire qu'aucun autre ne serait parvenu à imprimer à la défense de la capitale autant d'énergie, à improviser en aussi peu de temps des armées et un matériel formidables, à ménager enfin avec autant de prévoyance les approvisionnements destinés à nourrir deux millions d'hommes ; si bien qu'on ne sait lequel admirer le plus en lui, ou de son génie militaire ou de son génie administratif.

Il semble que la Providence ait voulu que cette admirable défense de Paris servît de poids pour le jugement et la condamnation de tous les actes de la campagne qui l'ont précédée.

II. Mauvais système de mobilisation.

Ce fut au moment de la mobilisation de l'armée qu'éclata le vice de notre système militaire, qui ne comporte en temps de paix aucune organisation d'ensemble.

Tout était à créer et à organiser comme personnel et matériel : nous avions des régiments d'infanterie et de cavalerie, des batteries d'artillerie, des compagnies de génie et du train, mais tous ces éléments étaient épars et isolés ; il fallait les grouper en brigades, divisions, corps d'armée, donner des généraux et des états-majors à toutes ces fractions constituées. Ce travail si important, qui exige le calme, la réflexion, une connaissance approfondie du personnel, devait, par suite de notre système abusif de *concentration*, être fait en quelques jours par le ministre ou par ses bureaux.

C'était précisément au moment où celui-ci avait besoin de toute son activité, de toutes ses lumières pour assurer les intérêts généraux de l'armée, pour veiller à sa concentration rapide sur sa base d'opérations, à la formation d'approvisionnements nombreux en vivres et munitions, pour faire mettre nos places fortes de la frontière en état de défense, pour constituer en arrière de puissantes réserves en hommes, chevaux, matériel et subsistances, qu'il avait à s'occuper d'une foule de détails, importants sans doute, mais qui, dans une bonne organisation militaire, doivent être réglés à l'avance. Il avait à signer les lettres de service des généraux, aides de camp, états-majors, membres de l'intendance, officiers d'administration, médecins, pharmaciens, officiers du train des équipages ; en outre, il fallait ne pas désorganiser le service à l'intérieur et pourvoir en même temps au remplacement des généraux dans leurs commandements et des intendants dans leurs fonctions administratives. Toute initiative était enlevée aux généraux commandant les divisions territoriales, et les opérations les plus simples, une permutation entre deux officiers du même corps dans un intérêt de service, l'obtention d'un cheval de la remonte, devaient être soumises à l'approbation ministérielle.

On faisait également passer dans la garde nationale mobile, dont les cadres n'étaient pas encore constitués, les officiers de l'armée active qui étaient peu propres au service de campagne ; il en résultait de nombreux changements de grades, de positions, de résidences, qui contribuaient à augmenter le désordre déjà trop grand.

Ajoutons que les hommes en congé, ceux de la réserve, et des deuxièmes portions du contingent, étaient en même temps rappelés : réunis d'abord au chef-lieu de chaque département, ils étaient dirigés sur leurs régiments respectifs, et de là sur le point de concentration indiqué ; les mêmes hommes étaient exposés à faire plusieurs longs voyages dans des directions opposées. Les chemins de fer qui, à ce moment, auraient dû être employés exclusivement au transport de nos troupes, du matériel ou des approvisionnements vers la frontière, furent pendant quatre ou cinq jours absorbés par les réserves, et malgré leur disposition si favorable, malgré leur immense matériel, ils furent impuissants à faire face à de pareils besoins.

Une autre erreur du ministre de la guerre fut de croire qu'il suffisait de réunir ensemble un certain nombre de régiments et de batteries pour en former des brigades, des divisions et des corps d'armée. La composition de l'armée comme personnel était l'unique préoccupation : le matériel et les divers services étaient considérés comme accessoires. Au lieu d'assurer à l'avance, et même en temps de paix, les divers besoins des troupes pour entrer en campagne, on s'était contenté de les évaluer et il se trouva, comme toujours en pareille circonstance, que les prévisions étaient au-dessous de la réalité. Les premiers corps organisés, dans les grands centres militaires, tels que Paris, Lyon, Strasbourg, Marseille, eurent à peu près le nécessaire en effets de campement, tentes, ustensiles de cuisine, moyens de transport, etc. ; mais les derniers en étaient complétement dépourvus, et le 7ᵉ corps, entre autres, fut immobilisé une quinzaine de jours à Belfort, en attendant qu'on lui envoyât de Paris ce qui lui manquait comme campement : il n'eut, d'ailleurs, jamais de moyens de transport réguliers.

En Prusse, au contraire, grâce à l'organisation permanente, même en temps de paix, des corps d'armée, le passage du pied de paix au pied de guerre se fait tout naturellement, sans secousse, avec une rapidité extraordinaire. Tout est prévu à l'avance, et chacun sait ce qu'il doit faire au moment où est promulgué l'ordre de mobilisation.

L'autorité centrale n'a point la prétention de tout faire, et elle laisse à chaque général commandant de corps d'armée le soin de compléter tous ses éléments en personnel et en matériel. Celui-ci se fait aider dans sa tâche par les autorités qui sont sous ses ordres : les commandants de divisions et de brigades, les inspecteurs d'artillerie et du génie, l'intendant, le médecin général, le commandant du bataillon du train, et enfin les commandeurs de districts de landwehr. Chaque chef de service, directement intéressé d'ailleurs à compléter le mieux possible ce qu'il doit commander pendant la campagne, adresse ses propositions au commandant du corps d'armée qui prononce.

La mobilisation se fait pour ainsi dire sur place, avec des éléments connus et en raison de besoins prévus et faciles à constater.

Le résultat de cette décentralisation est donc l'ordre,

la rapidité d'exécution et un meilleur emploi des moyens.

L'armée se partage alors en autorités de commandements et d'administrations, troupes de campagne, troupes de remplacement et troupes de garnison.

Le principe établi est que toute l'armée régulière doit être mobile en temps de guerre, et à la place des autorités de commandement ou d'administration comme des troupes elles-mêmes, s'établissent des autorités et des troupes de *remplacement*, chacune d'elles avec des fonctions et des devoirs définis.

Il n'y a, dans toute la mobilisation de l'armée prussienne, que la constitution des commandements d'armée et des états-majors généraux qui exige un ordre spécial du commandant suprême des forces de la Confédération.

La mise en état de défense des places fortes est également réglée et prévue à l'avance, et leurs divers besoins sont indiqués aux commandants de ces places par des communications ministérielles déposées dans les archives secrètes de chacune d'elles.

« A partir de l'ordre de mobilisation, dit le règlement prussien, et en tant que des changements ne sont pas apportés au plan général, aucune autorité ne doit donner d'instruction : chaque autorité en sous-ordre doit à l'avance être complètement fixée sur ce qu'elle a à faire dans ce cas. La simple promulgation de l'ordre de mobilisation doit suffire pour en assurer l'exécution régulière et rapide. »

Le système défectueux que nous avions appliqué pour concentrer nos réserves et pour organiser nos unités tactiques, avait donc produit partout le désordre et la confusion et en outre une perte de temps irréparable. Le temps, au début d'une campagne, est un élément peut-être plus important que la force, et si une mobilisation rapide nous eût permis de jeter immédiatement en Allemagne nos forces disponibles, pendant que les Prussiens étaient en flagrant délit de préparation, la face des choses pouvait changer considérablement.

Mais le désordre et la lenteur dans les premières opérations n'ont pas été les seules conséquences fâcheuses de ce système de mobilisation : il a eu une influence plus pernicieuce encore pendant toute la durée de la campagne. En juxtaposant ainsi, pour un but commun, des éléments inconnus l'un à l'autre, en donnant aux troupes des généraux qu'elles ne connaissaient point, et à ceux-ci des moyens qu'ils n'avaient pu étudier, on a détruit dans l'armée l'*unité* et la *confiance réciproque* qui doit unir à tous les échelons le soldat à son chef, et on lui a enlevé ainsi un des éléments les plus importants, les plus certains du succès.

CHAPITRE II.

CONSTITUTION DE L'ARMÉE MOBILE. — I. PERSONNEL : GÉNÉRAUX ET ÉTATS-MAJORS. — II. INSTRUCTION TACTIQUE DES DIFFÉRENTES ARMES. — RECONNAISSANCES. — III. RESSORT MORAL. — ESPRIT NATIONAL. — DISCIPLINE. — IV. SERVICES ADMINISTRATIFS. — MATÉRIEL.

I. Personnel. — Généraux.

Ce qui frappe tout d'abord dans l'ensemble de l'armée, c'est que les généraux ne sont point familiarisés avec les fonctions qu'ils exercent; ils ignorent à la fois et leurs droits et leurs devoirs. Chacun d'eux, suivant son caractère propre, le genre de vie qu'il a menée, l'arme d'où il sort, porte son activité sur plus ou moins de détails; très-peu voient l'ensemble et parviennent à atteindre le niveau convenable.

C'est d'ailleurs un phénomène général et facile à observer dans notre armée, que les officiers ne s'élèvent que rarement dans la pratique à la hauteur de leur nouveau grade : en théorie, il en est tout autrement, et le plus jeune sous-lieutenant ne craint point de faire manœuvrer des divisions ou des corps d'armée ; on étudie les devoirs des grades supérieurs et on ne sait pas remplir le sien. Le commandant d'un bataillon reste longtemps capitaine, beaucoup de colonels restent commandants : la plupart de nos généraux ne sont que des colonels de telle ou telle arme.

Cette inexpérience des généraux dans leurs fonctions augmente non-seulement la défiance, que j'ai signalée plus haut, des troupes envers des chefs qui leur sont inconnus, mais elle leur enlève à eux-mêmes toute confiance dans leur valeur personnelle et les rend souvent incapables d'exécuter de leur chef la plus petite opération (1). — Ils n'ont pas d'initiative et craignent la responsabilité.

Beaucoup, enfin, n'apportent pas même dans l'exécution des ordres qui leur sont donnés l'énergie, le zèle et le dévouement qu'on est en droit d'attendre et d'exiger de gens entre les mains desquels sont placés les intérêts et la vie de tant d'hommes. Nous en avons vu qui, au lieu de rester dans le camp pour étudier et assurer les besoins de leurs troupes, allaient s'installer à plusieurs kilomètres, dans des villages ou des châteaux, laissaient leurs soldats sans pain et sans munitions, et ne rachetaient point par leur courage sur le champ de bataille l'ignorance, l'incurie et l'égoïsme personnel dont ils avaient donné tant de preuves.

Mais tout en constatant cet état de choses, nous ne devons pas nous en étonner, et nous ferons voir plus loin qu'il provient tout naturellement de la manière dont étaient choisis nos généraux et de leurs occupations en temps de paix.

---

(1) Un général de brigade avait été chargé d'aller occuper avec ses troupes et deux batteries d'artillerie la clef d'un défilé important qui se trouvait à 12 ou 15 kilomètres en avant de son corps d'armée. — Il se plaignit qu'on lui donnât, *à lui seul*, une mission aussi difficile à remplir, et il réclama des instructions détaillées sur ce qu'il avait à faire. — Plus tard, quelques patrouilles de cavalerie s'étant présentées, il évacua la position, et au lieu de se replier sur le corps d'armée qu'il devait couvrir, il prit une direction opposée.

Après avoir peint l'ensemble, hâtons-nous de dire qu'il y avait de nombreuses et brillantes exceptions que les événements eux-mêmes se sont chargés de mettre en lumière. La faiblesse ou l'incapacité de quelques généraux de division ou de brigade n'a point d'ailleurs produit les effets désastreux qu'on pourrait craindre. Dans toute la campagne, nos forces étaient groupées en corps d'armée et la direction générale des opérations était confiée aux commandants de ces corps qui, sauf de bien rares exceptions, étaient à hauteur de leurs fonctions. Dans les cas particuliers où l'on avait à faire agir isolément une division ou une brigade, on pouvait choisir et ne confier cette mission qu'à un chef capable de la remplir.

Il n'y avait en réalité dans l'armée que deux fonctions, celles de commandant de corps d'armée et de commandant d'armée, qui, remplies par des gens incapables, pouvaient et devaient amener des désastres.

L'étude stratégique de la campagne permettra de juger la valeur des commandants d'armées, auxquels incombaient la préparation et la direction générale des opérations.

Mais il nous a paru que dans cette guerre les fonctions de commandant de corps d'armée ont eu une importance plus grande encore qu'à l'ordinaire, et que de leurs qualités personnelles a dépendu presque exclusivement la valeur de leur corps d'armée. — C'est qu'avec des éléments tels que je viens de l'indiquer, les commandants de corps devaient étendre leur action à toutes les branches de service, et ne pas craindre de descendre dans les attributions des grades inférieurs, qui eux ne s'acquittaient pas de leurs fonctions ; ils devaient tout voir, tout surveiller, tout placer : le mouvement, l'impulsion et la vie ne sont venus que d'eux.

« Il ne faut pas croire, dit Frédéric, qu'une grande armée soit animée par elle-même. Il y a un grand nombre de gens *indolents*, *paresseux* et *fainéants*. C'est l'affaire du général de les mettre en mouvement et de les obliger à faire leur devoir. »

Il est regrettable qu'avec des attributions et des devoirs si étendus, une responsabilité aussi grande, les commandants de corps d'armée n'aient point un grade supérieur à celui des généraux de division : après la campagne, ils deviennent les égaux de leurs divisionnaires, ils peuvent même marcher après eux s'ils sont moins anciens, et ce manque d'une autorité supérieure permanente leur enlève souvent l'énergie nécessaire pour réprimer les abus, forcer à l'accomplissement du devoir, — pour se débarrasser enfin de ceux dont l'incapacité physique ou morale est notoire.

États-majors. — Les états-majors n'ont pas non plus rendu les services qu'on était en droit d'en attendre : cela tient à une fausse doctrine et à un mauvais emploi des moyens. La doctrine fausse est de regarder les états-majors uniquement comme des aides inconscients, comme des instruments du commandement, alors qu'ils devraient pour ainsi dire en être le contre-poids et le complément. Les chefs d'état-major se considèrent trop comme un moyen entre les mains du général; ils devraient être en réalité les chefs d'un service presque indépendant dont ils seraient personnellement responsables, et qui aurait pour but, outre la transmission et l'exécution des ordres particuliers des commandants de division ou de corps d'armée, de veiller à l'observation rigoureuse et ponctuelle des grands principes qui régissent les armées en campagne, au point de vue de leurs besoins matériels, de leurs mouvements et de leur sécurité.

Le service des états-majors, tel qu'il est constitué dans notre armée, étant laissé exclusivement à la direction et à l'initiative du commandement auxquels ils sont attachés, ne fait qu'accuser plus fortement les tendances, les vues et la capacité personnelles du général ; aussi peut-on assurer qu'un bon général aura toujours, d'après l'appréciation de ses troupes, un bon état-major, et qu'un mauvais général aura toujours un mauvais état-major : les moyens sont les mêmes, l'emploi seul varie.

J'ajoute que dans ce service, l'emploi des officiers exige, plus que partout ailleurs, de la part du chef, une connaissance approfondie de leur intelligence, de leur capacité et de leurs aptitudes spéciales, connaissance qui ne s'acquiert que dans la pratique et en usant de ces moyens. — Il n'est donc pas étonnant que dans cette campagne, où les états-majors avaient été formés pour ainsi dire au hasard, et dont les éléments étaient inconnus à la fois aux chefs d'état-major et aux généraux, leur emploi ait été restreint et peu fructueux.

Disons aussi que les occupations des officiers d'état-major en temps de paix ne les préparent guère au service de campagne : la plupart perdent dans une vie sédentaire et de bureau leur énergie et leurs aptitudes militaires, sans les remplacer par des connaissances solides ; d'autres passent une grande partie de leur existence dans des positions spéciales de service personnel ou dans d'autres complétement étrangères à l'armée, telles que les bureaux arabes, et l'on est étonné plus tard que ces mêmes officiers ne soient pas plus à hauteur de leurs fonctions.

Une réorganisation radicale du corps d'état-major est un des besoins les plus impérieux de l'armée : on en sent depuis longtemps d'ailleurs la nécessité, mais toutes les tentatives de réformes sont venues échouer devant de mesquines jalousies et devant l'égoïsme de ceux qui n'admettent comme améliorations générales que celles qui leur sont personnellement profitables. J'aurai d'ailleurs occasion de revenir sur ce sujet dans la quatrième partie.

Mais ce qui a manqué dans le service des états-majors, c'est moins la valeur personnelle des éléments qu'une bonne direction et l'esprit de méthode.

En effet, avec des attributions aussi étendues et aussi peu définies par les règlements, qui peuvent s'exercer sur toutes les branches du service général, mais qui ne doivent point s'immiscer dans le commandement intérieur des unités tactiques, qui peuvent porter à la fois sur tout et sur rien, le vague et l'hésitation peuvent se produire chez ceux qui n'ont pas mûrement étudié les devoirs de leurs fonctions.

L'analyse jette une vive lumière dans cet ensemble si confus au premier abord, et permet d'en dégager d'une manière précise ce qui doit constituer le service des états-majors.

Si aux trois fonctions primordiales des armées, *marcher*, *camper* et *combattre*, nous ajoutons le besoin de vivre, nous aurons le cadre général des opérations sur lesquelles doit se porter l'activité incessante des états-majors.

Le but est également facile à déterminer ; ce sera d'obtenir :

Le moins de fatigue possible pour les troupes ;
Le maximum de sécurité ;
La satisfaction la plus étendue des besoins matériels ;
L'action la plus énergique dans les combats.

Aux états-majors incombe :

Dans les marches : La préparation générale, l'appropriation de l'ordre particulier de marche à la composition des troupes, au terrain, à la force et au voisinage de l'ennemi ; — l'indication des heures de départ pour chaque unité tactique, de manière que celles-ci ne prennent les armes que successivement et au moment même de se mettre en route ;

L'organisation d'un service d'éclaireurs, enveloppant l'armée d'ondulations successives de plus en plus étendues et de moins en moins denses, formant autour d'elle comme une *atmosphère de sûreté*, et diminuant beaucoup, lorsqu'il est bien dirigé, les fatigues de la marche (un officier d'état-major doit être à l'avant-garde, un autre à l'arrière-garde, pour tenir le général au courant des divers incidents qui peuvent s'y produire) ;

Dans les camps : La reconnaissance préalable de la position, de manière à éviter aux troupes une perte de temps lors de leur arrivée ; l'installation de celles-ci dans des conditions qui leur permettent de prendre rapidement une position de combat, et d'utiliser tous leurs moyens ; l'organisation et la surveillance du service de sûreté ;

Dans les combats : La transmission des ordres pour le meilleur emploi possible des éléments, et en un mot, l'exécution de tout ce qui peut leur être commandé soit par le général, soit par le chef d'état-major ;

Pour les vivres, enfin, le règlement des heures de distribution et la surveillance de la qualité des denrées. Un officier de l'état-major général, de chaque corps d'armée et de chaque division, doit assister à ces distributions et veiller à ce que l'intendance les fasse autant que possible sur l'emplacement même des troupes.

Cette esquisse rapide des devoirs des états-majors fait

ressortir la grande responsabilité qui pèse sur eux, qui est d'ailleurs d'un genre tout particulier : on ne leur attribue jamais le mérite du succès des opérations ou de la satisfaction des besoins ; on s'en prend souvent à eux des revers et des privations que la force des choses fait quelquefois subir.

Les fonctions de chef d'état-major, surtout de corps d'armée, ont donc la plus grande importance et on ne saurait apporter trop de soin dans le choix des titulaires, il en est de même, et à plus forte raison, des chefs d'état-major généraux d'armées, et on a lieu de s'étonner de la légèreté et de l'insouciance avec laquelle étaient faites ces nominations. Un commandant de corps d'armée passait-il au commandement d'une armée, son chef d'état-major devenait également chef d'état-major général de l'armée ; le général de division qui prenait le commandement du corps d'armée emmenait lui-même son chef d'état-major, et ces positions se trouvaient ainsi données au hasard. Nous ne faisons point ici, bien entendu, de personnalités, nous constatons simplement une faute de principes.

Les fonctions de chef d'état-major d'une armée ont presque la même importance que celles de commandant d'armée : si l'un conçoit, l'autre fait exécuter et règle tous les détails du service général des marches, camps, distributions : l'un dirige, l'autre introduit la liaison et l'harmonie dans les éléments. C'est dans une armée surtout qu'il est important que le chef d'état-major complète le général en chef, ou soit du moins un contre-poids pour les imperfections qu'il peut avoir : à un général hardi, entreprenant, en voyant que le but sans s'occuper des moyens, il faut un chef d'état-major calme, prudent et méthodique ; à un général timide, au contraire, il faut un chef d'état-major un peu audacieux.

Nous résumerons tout ce qui précède en disant que dans notre armée : les généraux étaient en partie incapables et peu initiés à leurs devoirs, qu'ils n'avaient pas d'initiative et craignaient la responsabilité ; que les états-majors manquaient d'homogénéité et que leurs éléments étaient inconnus à ceux qui devaient s'en servir ; que les chefs d'état-major enfin étaient trop dans la dépendance directe des généraux, et n'ont pas dirigé le service avec assez d'esprit de méthode.

Nous ne voulons point finir les considérations que nous avions à présenter sur les services généraux de l'armée, sans signaler l'insuffisance notoire de l'un d'eux, le plus important peut-être au point de vue de ses conséquences, *le service des renseignements*.

Le service avait été, avec raison, concentré, dès le début de la campagne, entre les mains du grand état-major général : les corps d'armée et les divisions avaient bien aussi organisé un bureau de renseignements, mais les moyens qu'ils avaient étaient très-restreints, et ils ne pouvaient obtenir pour ainsi dire que des renseignements locaux. Le grand état-major général, au contraire, disposait pour ce service d'un grand nombre d'officiers d'état-major et de ressources financières presque illimitées : avec une direction unique, on évitait des doubles emplois pour certaines choses, des négligences dans d'autres, et il était en outre beaucoup plus facile de coordonner et de vérifier les renseignements qu'on pouvait obtenir.

Nous n'avons pas été à même de juger les moyens qu'on a employés pour organiser ce service, mais ce que nous avons pu constater, ce sont les résultats, qui ont été non-seulement insuffisants, mais la plupart du temps complétement faux. Il est sans doute très-difficile de se tenir constamment au courant des mouvements des différents corps, de leur marche journalière, de deviner les projets de l'ennemi, mais on doit au moins être fixé sur la composition des armées, leur point de concentration, la direction générale qu'elles suivent, etc. Notre service des renseignements n'a jamais pu réunir ces données, pour ainsi dire élémentaires, et il est instructif, plus encore que curieux, de mettre en présence les probabilités qu'il admettait, avec la réalité elle-même :

Composition et emplacements probables des troupes prussiennes au 1er août.	Composition et emplacements réels.
IIIe armée ou armée de droite. Général Steinmetz. — Quartier général Kreuznach. VIIe, VIIIe, IXe et Xe corps.	Ire armée ou armée de droite. Général Steinmetz. — Quartier général Coblenz. VIIe, VIIIe et Ier corps.
IIe armée ou armée du centre. Général prince Frédéric-Charles. — Quartier général Mannheim. IIe, IIIe, IVe, XIIe corps et Bavarois.	IIe armée ou armée du centre. Général prince Frédéric-Charles. — Quartier général Hombourg. IIe, IIIe, IXe et Xe corps.
Ire armée ou armée de gauche. Prince royal de Prusse. — Quartier général Carlsruhe. Corps de la garde, Ve corps.	IIIe armée ou armée de gauche. Prince royal de Prusse. — Quartier général Mannheim. Ve, XIe, Ier et IIe bavarois, division badoise, division wurtembergeoise.
	IVe armée dite de réserve. Prince royal de Saxe. — Kaiserslautern. Corps de la garde, IVe et XIIe corps.

Les commandants d'armée ou de corps d'armée ignorèrent constamment les forces de l'ennemi qui était devant eux ; avec l'armée prussienne, dont les diverses unités tactiques ont toutes le même effectif, cela est particulièrement facile à établir, puisqu'il suffit de connaître le nombre des corps d'armée. A Freschwiller, Mac-Mahon ne sut pas qu'il aurait à lutter contre toute l'armée du prince royal de Prusse, c'est-à-dire contre l'équivalent de cinq corps, formant un chiffre total de plus de 180,000 hommes; à Borny, le 14 août, le maréchal Bazaine crut qu'il avait devant lui la première et la deuxième armée prussiennes, tandis qu'il n'y avait en réalité que les trois corps de la première armée, avec un effectif bien inférieur au sien; l'armée de Châlons, dans sa marche de Reims sur Sedan, ne sut jamais quelles étaient les forces ennemies qu'elle avait à redouter, pas même la direction que suivaient ces dernières, et ce ne fut qu'après la bataille de Sedan qu'elle connut les corps qu'elle avait eu à combattre.

Cette absence de renseignements vient de ce que l'espionnage avait été mal organisé. Si l'on attend, en effet, d'avoir ces données par les reconnaissances de la cavalerie ou autres reconnaissances spéciales, on ne peut en tirer aucune utilité pour le plan général des opérations : elles ne procurent, d'ailleurs, que des renseignements incomplets et peu sûrs.

Au début d'une campagne, alors qu'il est surtout important de connaître la force et le point de concentration des diverses armées, ces renseignements ne peuvent être donnés que par des espions. Encore ce service est-il très-difficile à organiser au moment même de la guerre, et les espions qu'on enverrait en pays ennemi exciteraient bien vite la défiance; en outre, s'ils sont étrangers, ils ont eux-mêmes de bien plus grandes difficultés pour remplir leur mission. Il faut donc avoir des espions dans le pays lui-même et parmi les habitants : c'est triste à dire, mais on en trouve toujours; il suffit de les bien payer.

Le service de l'espionnage doit être préparé de longue main : la Prusse ne s'est pas fait faute d'employer ce moyen et elle entretenait dans nos grandes villes et dans nos principaux centres militaires un certain nombre d'espions, la plupart Allemands, qui se livraient en apparence aux professions les plus modestes, et qui, en réalité, renseignaient leur gouvernement sur tout ce qui était relatif à notre état militaire.

En outre, si on se sert, au moment de la campagne, d'espions ambulants, on n'a le plus souvent que des renseignements erronés; ils jugent de l'ensemble par les détails : s'ils rencontrent sur un point un détachement important d'un régiment, ils en concluent que la brigade, la division, le corps d'armée auxquels il appartient, sont dans les mêmes parages, alors que ce détachement est simplement de passage dans cette localité.

Le seul moyen sûr d'avoir de bons renseignements est d'attacher à chaque corps d'armée un espion, qui le suive, depuis son point de départ, dans tous ses mouvements; mais il faut pour cela, évidemment, que le service ait été organisé à l'avance.

La mauvaise direction du service des renseignements a eu sur toute la campagne l'influence la plus pernicieuse, et on serait tenté de lui attribuer la responsabilité de tous nos désastres. Il est en effet impossible d'admettre que, si les chefs de notre armée eussent connu les forces réelles que la Prusse et l'Allemagne du Sud se disposaient à engager dans cette guerre, ils eussent adopté le plan de campagne que nous avons indiqué dans la première partie, et nous aimons mieux croire pour leur honneur qu'ils ont été trompés sur les moyens et les ressources dont disposaient nos ennemis.

II. Instruction tactique des différentes armes.

L'instruction tactique des troupes, particulièrement de l'infanterie et de la cavalerie, laissait beauconp à désirer. C'est le résultat de cet esprit de routine qui ne tient compte ni de la perfection des armes nouvelles, ni des exigences sans cesse croissantes de l'art de la guerre, et qui entrevoit toujours le salut de l'avenir dans les errements du passé.

Infanterie. L'adoption du fusil à tir rapide rend nécessaire chez le soldat une instruction tactique individuelle complète : il faut qu'il connaisse le maniement de son arme, son mécanisme, qu'il soit familiarisé avec tous ses détails, qu'il s'en soit beaucoup servi pour y prendre confiance, qu'il soit enfin assez plié à la discipline militaire pour recevoir de ses chefs, d'une façon presque automatique, le mouvement et l'impulsion : il lui faut à la fois une instruction physique et une éducation morale.

L'instruction théorique et pratique du tir est donc la base de l'instruction militaire du fantassin, et devrait lui être donnée d'une façon continue et progressive.

Les divers engagements de la campagne ont permis de constater combien l'instruction de notre infanterie était défectueuse sous ce rapport : le plus souvent, les soldats ouvraient le feu à des distances tellement grandes qu'ils ne pouvaient obtenir aucun résultat ; même aux distances raisonnables, le tir était incertain et toujours trop rapide.

L'instruction d'ensemble était donnée d'une manière plus inintelligente encore, et le dernier mot était dit lorsqu'un régiment avait effectué pendant une quinzaine de jours les évolutions de ligne. Au lieu de rompre les soldats à la marche, de leur faire faire des routes longues et difficiles, avec un lourd chargement, de les faire camper souvent de jour et de nuit, de les exercer continuellement à la pratique du service en campagne, de leur apprendre le service des grand'gardes et des petits postes, d'habituer les officiers et sous-officiers à lire le terrain et à faire de petites reconnaissances, la plupart des heures d'instruction étaient consacrées à des manœuvres théoriques, à étudier le service intérieur ou le service de place, en sorte que ni les chefs ni les soldats n'étaient préparés au métier qu'ils ont à faire en temps de guerre.

Les marches, ou plutôt les promenades militaires qu'on fait exécuter en hiver aux troupes, sont suffisantes pour ennuyer les hommes, mais impuissantes pour les fortifier et les aguerrir. Un grand nombre d'officiers sont incapables de lire une carte et de diriger une petite opération sur un terrain dont on leur remettrait le plan topographique. Ils ne sont astreints qu'à une chose, c'est à connaître leur théorie et leurs manœuvres, ce qui est d'une bien maigre utilité en campagne, car l'officier trouvera toujours dans le bon sens et la réflexion un guide plus sûr que dans la meilleure théorie.

La *cavalerie* se trouvait à peu près dans les mêmes conditions, et le développement de l'action individuelle, l'étude du service en campagne, du service des avantpostes et des reconnaissances, étaient sacrifiés également aux manœuvres d'ensemble et aux exigences d'un service intérieur trop compliqué.

Les dernières guerres, particulièrement celles de 1859 et de 1866, avaient démontré l'impuissance de la cavalerie dans les conditions où on l'employait précédemment, c'est-à-dire en grandes masses, et la nécessité de modifier profondément sa tactique sur le champ de bataille.

Anciennement, les armées recherchaient pour combattre les plaines, qui se prêtaient mieux que les pays accidentés aux manœuvres en ordre profond, au ploiement et au déploiement des masses qui ne se faisaient qu'à des distances très-petites de l'ennemi, à l'action enfin d'une cavalerie nombreuse, qui avait pour mission, une fois l'ennemi ébranlé, de charger les fuyards et de faire des prisonniers.

Aujourd'hui, on combat dans tous les terrains, de préférence même sur ceux qui sont accidentés, et où des troupes instruites, actives et bien dirigées trouvent de grands avantages dans l'exécution de leurs projets. Mais ils se prêtent peu aux manœuvres de grands corps de cavalerie, encore moins à leur action dans des charges.

D'un autre côté, la portée plus grande des canons et des armes portatives force à tenir les réserves de cavalerie dans une zone très-éloignée de l'action et en dehors de la portée des projectiles. Lorsqu'il s'agit de les amener pour combattre, on éprouve les plus grandes difficultés à les mouvoir; on perd du temps et le moment favorable, toujours si court, a disparu.

D'ailleurs les batailles actuelles ne consistent pas dans une action unique, dont les différentes phases soient faciles à saisir, et qui permette au commandant de la cavalerie de réserve de distinguer clairement et rapidement le point sur lequel il devra diriger ses efforts. Le plus souvent, il n'y aura pas de choc de masses ; la cavalerie sera toujours arrêtée par un pli de terrain fortement occupé par de l'infanterie, ou par le feu convergent de nombreuses batteries d'artillerie, et elle sera exposée à subir des pertes considérables sans effet utile.

Si la campagne de 1866 avait prouvé l'impuissance de la cavalerie en grandes masses, elle avait démontré aussi combien étaient importants les résultats obtenus par l'action de quelques escadrons combattant avec les autres armes. Les Prussiens pendant cette campagne, comme dans celle de 1870, attachaient un régiment de cavalerie à chaque division d'infanterie ; le reste de leur cavalerie était endivisionné.

Nous avons nous-mêmes adopté ce système, en l'appliquant toutefois seulement aux corps d'armée, mais nous l'avons exagéré et faussé, en ne conservant plus un assez grand nombre de divisions pour le service général de l'armée. Chaque corps d'armée avait deux ou trois brigades de cavalerie, ce qui est beaucoup trop pour son service particulier ; et, par contre, chaque armée n'avait qu'une ou deux divisions de cavalerie pour son service général, ce qui est très-insuffisant.

La tactique nouvelle pour l'emploi de la cavalerie sur le champ de bataille consiste donc à la fractionner et à l'adjoindre, pour combattre, aux autres armes.

Mais le rôle de la cavalerie ne réside pas seulement dans son action au jour du combat : elle doit encore protéger et éclairer le reste des troupes dans les marches et dans les camps ; elle doit être l'œil de l'armée.

Une troupe, en effet, n'est réellement en sécurité et ne peut se livrer au repos que si elle est gardée au loin : la cavalerie seule peut faire ce service sans trop de fatigue, d'une manière efficace, et sans danger. De là la nécessité pour cette arme d'être rompue à tous les détails du service en campagne. « Le service en campagne est l'élément de la cavalerie. Elle peut voir sans inquiétude naître de plus grands perfectionnements dans les armes à feu : la campagne lui reste toujours (1). »

L'instruction donnée en temps de paix à la cavalerie l'avait certainement très-mal préparée à ce service d'éclaireurs, et quoique présentant d'excellents éléments, elle n'a rempli qu'imparfaitement sa mission sous ce rapport. Toutes les fois qu'on l'a engagée sur le champ de bataille, elle s'est battue avec un entrain, une vigueur et un dévouement sans pareils ; mais dans son service d'avantpostes et de reconnaissances, elle a été d'une insuffisance notoire et très-inférieure à la cavalerie prussienne : ce n'est pas la faute des éléments, qui, nous le répétons, étaient très-bons, mais la faute des chefs qui n'ont point compris le rôle de cette arme.

Il ressort, en effet, de l'étude de la campagne que nous n'avons jamais été renseignés sur les mouvements de l'ennemi, ni sur ses projets, ni sur sa force ; que nous avons livré presque tous les combats à l'improviste, sans y être préparés, et la plupart du temps surpris par l'attaque. Cela provient du mauvais système employé par la cavalerie pour faire ses reconnaissances soit autour des camps, soit dans les marches.

Reconnaissances de la cavalerie. Notre service en campagne après avoir défini ce que sont les reconnaissances,

---

(1) Réflexions sur l'instruction et l'emploi de la cavalerie, faites particulièrement au point de vue de la campagne de 1866, par un officier de cavalerie prussien. — Traduit de l'allemand par le capitaine d'état-major de Milly.

les distingue en : reconnaissances journalières, reconnaissances spéciales et reconnaissances offensives. L'objet des deux derniers genres de reconnaissances, ainsi que la manière dont elles doivent être exécutées, sont indiqués avec clarté et précision.

Quant aux reconnaissances journalières, ce même règlement dit : qu'elles doivent se faire autour des camps, cantonnements et avant-postes, que le service en est réglé par les commandants de brigade ou de division, qu'elles doivent employer peu de monde, que leur fréquence, leur force et le moment de leur sortie doivent varier, mais qu'en général on ne doit pas les prodiguer et surtout ne pas les recommencer aux mêmes heures ni par la même route.

Les reconnaissances journalières, ainsi exécutées, pouvaient donner des résultats suffisants au commencement de ce siècle, où les armées s'avançaient lentement et méthodiquement sur le théâtre d'opérations, et ne changeaient que rarement de camps ou de cantonnements : on connaissait d'une manière générale la force de l'ennemi, ses emplacements, ses projets, et les reconnaissances journalières avaient pour but de constater « si dans ses camps ou bivouacs, il ne se passait rien qui annonçât des préparatifs de marche ou d'action. »

Aujourd'hui où les armées se déplacent avec une rapidité effrayante, où elles ont à leur disposition des moyens de transport rapides et nombreux, la marche et les projets de l'ennemi, surtout au début d'une campagne, sont complétement inconnus, et il est cependant très-important d'avoir des renseignements à cet égard. Il est également indispensable que l'armée, dans l'intérêt de sa propre sécurité, se garde au loin, pour éviter les surprises, et soit constamment enveloppée, dans les marches comme dans les camps, d'ondulations successives de plus en plus étendues et de moins en moins denses, formant autour d'elle, ainsi que nous l'avons déjà dit à propos du service des états-majors, *une atmosphère permanente de sûreté.*

Les reconnaissances devant être incessantes et agir dans toutes les directions, leur service doit être réglé par le chef le plus élevé en grade, c'est-à-dire par le commandant de l'armée ou du corps d'armée, si celui-ci agit isolément : on obtient ainsi plus d'ensemble et d'unité, avec moins de fatigue. C'est pour cela qu'il est très-important que les armées aient, en dehors de la cavalerie attachée aux corps d'armée, un certain nombre de divisions de cavalerie légère pour ce service d'éclaireurs.

On a suivi dans notre armée, pendant cette guerre, les prescriptions du service en campagne, et, le plus souvent, les corps d'armée ont été chargés eux-mêmes d'éclairer leur marche ou leurs camps ; les divisions constituées de cavalerie étaient mises en réserve ; aucune surveillance n'était d'ailleurs exercée par les généraux en chef ou par les états-majors généraux, et nous avons vu que dans presque tous les combats, à Borny, à Rézonville, à Beaumont, nos troupes avaient été surprises par l'ennemi.

Les reconnaissances, quand on en faisait, étaient inintelligemment conduites. Un certain nombre de pelotons montaient à cheval de grand matin, partaient dans les diverses directions qui aboutissaient à la position occupée, faisaient des courses parfois très-longues, et rentraient au camp vers dix ou onze heures, disant qu'ils n'avaient rien rencontré. Souvent l'ennemi, plus adroit qu'eux, les suivait à distance sans se laisser apercevoir, et quelques heures plus tard, il nous attaquait, comme à

Borny, sans que sa présence eût été le moins du monde signalée par nos reconnaissances.

Ce système, qui à la longue serait très-fatigant pour la cavalerie, est donc inefficace et doit être rejeté en principe.

Les Prussiens se donnaient beaucoup moins de mal, ménageaient davantage leurs hommes et leurs chevaux, et obtenaient cependant des résultats bien supérieurs.

Chaque armée avait au moins deux divisions constituées de cavalerie employées pour l'éclairer au loin et d'une façon constante. Ces divisions se déployaient en avant et sur les flancs de l'armée d'une manière analogue à celle adoptée par nos tirailleurs d'infanterie.

Le gros de cette cavalerie, avec quelques batteries légères d'artillerie, précédait d'une demi-journée ou d'une journée entière de marche les troupes d'infanterie. Chaque brigade, chaque régiment détachait, à cinq ou six kilomètres de lui, un certain nombre d'escadrons, ceux-ci envoyaient eux-mêmes en avant quelques pelotons qui se déployaient en éclaireurs, de manière à former une ligne continue et se reliant à celle des pelotons voisins.

Il en résulte que ces éclaireurs se trouvaient souvent à 30 ou 40 kilomètres du corps principal. Le soir venu, ces éléments, au lieu de se replier sur les fractions auxquelles ils appartenaient, restaient sur place, vivaient facilement sur le pays, parce qu'ils étaient peu nombreux et le lendemain continuaient leur marche.

Ce service se faisait donc pour ainsi dire sans fatigue aucune pour la cavalerie, et les détails pouvaient en être réglés facilement avec les excellentes cartes que possèdent les états-majors.

Il ne présente en outre aucun danger pour les troupes qu'on y emploie, car si elles sont menacées par des forces supérieures, particulièrement par de l'infanterie, elles n'ont qu'à se replier. D'ailleurs, le but des reconnaissances est d'observer l'ennemi, et de n'engager l'action que dans des cas exceptionnellement favorables ; c'est ce qu'on a beaucoup de mal à faire comprendre à nos officiers de cavalerie, qui se laissent souvent entraîner par un faux amour-propre, et compromettent inutilement la vie de leurs hommes.

Cet emploi de grandes masses de cavalerie, pour couvrir les opérations d'une armée, ne lui assure pas seulement une sécurité parfaite, elle facilite encore à un haut degré la réunion des approvisionnements de toute nature qui lui sont nécessaires. Ces éclaireurs frappent en même temps des réquisitions sur tout le pays qu'ils parcourent, et forcent les habitants à transporter, sur des points qui ont été désignés à l'avance, les ressources dont ils disposent et qui sont plus tard distribuées sur place aux troupes qui s'y trouvent. L'armée peut de cette manière vivre presque entièrement sur le pays, surtout si elle paye comptant ses réquisitions : il lui suffit alors de porter sur des voitures quelques jours d'approvisionnements de réserve, et elle gagne ainsi beaucoup en mobilité.

La cavalerie aura donc de sérieuses études à faire sur ce sujet, et il sera nécessaire, pour éviter de nouvelles fautes, de modifier notre règlement sur le service en campagne, en ce qui touche les reconnaissances journalières.

Artillerie. L'artillerie était l'arme dont l'instruction tactique était la plus complète : on peut même dire qu'elle ne laissait rien à désirer. La discipline y était aussi mieux observée que dans l'infanterie ou la cavalerie, et aucune défaillance ne s'est manifestée à ce point de vue pendant tout le cours de la campagne. Sur le champ de bataille, le sang-froid et le courage de nos artilleurs ont conquis dans l'armée tous les suffrages ; les attelages étaient excellents et on ne pouvait mieux désirer.

Mais, comme si rien d'absolument bon ne pouvait exister dans cette armée, nos pièces étaient d'une infériorité notoire relativement à celles de l'ennemi, au point de vue de la portée, de la justesse et de la puissance du tir. Les détails ne nous étaient point non plus favorables, et tandis que les obus prussiens, grâce au système de fusées percutantes, éclataient d'une manière presque certaine en touchant le but, les nôtres éclataient souvent en l'air ou s'enfonçaient dans le sol sans produire le moindre effet.

Il est profondément regrettable qu'un grand corps comme celui de l'artillerie française, qui présente tant de garanties d'instruction et d'expérience, ait pu se tromper ainsi sur la valeur du chargement par la culasse appliqué à nos pièces de campagne et de siége. L'adoption du même système pour les armes à feu portatives, ainsi que les divers perfectionnements qui avaient été précédemment introduits dans l'armement de l'infanterie, s'étaient faits également en dehors de son concours. Cela ne tendrait-il pas à prouver que les spécialités sont impuissantes à créer le progrès et que, seules, l'union intime de tous les éléments de l'armée et leur coopération constante peuvent nous donner sous ce rapport des garanties pour l'avenir.

III. Ressort moral. Esprit national. Discipline.

En temps de paix, les principes de hiérarchie et de subordination, la crainte d'un châtiment, suffisent pour diriger et faire mouvoir une agglomération quelconque de troupes ; mais en guerre, où l'armée doit faire des efforts énergiques et constants, supporter d'énormes fatigues et de grandes privations, il faut qu'elle soit animée par une idée, par un ressort moral.

De nos jours, rendons-en grâce à Dieu, on ne fait plus de guerre de religion, ni de guerre de nationalités : on aime sa religion et son pays sans avoir en haine ceux des autres, et il n'y a que le sentiment de dangers pour la patrie qui puisse réunir vers un même but tous les éléments d'une armée, de même que l'universalité des citoyens.

Les guerres entreprises par ambition ou égoïsme des gouvernants donnent satisfaction non à l'esprit national, mais à l'ambition personnelle des individus, et ne sauraient mettre en jeu toutes les forces vives d'une armée ; on voit de suite la différence qui devait exister à ce point de vue entre l'armée prussienne défendant l'indépendance de son territoire menacé, et l'armée française marchant au combat sans se rendre compte du but, pour s'opposer à des menées ambitieuses qui lui étaient inconnues, ou pour consolider une dynastie dont le pays semblait depuis longtemps fatigué.

L'Empire d'ailleurs était parvenu à engourdir dans l'armée, comme dans la nation, le sentiment patriotique, et le péril imminent où se trouva le pays après les désastres de Sedan et de Metz n'eût peut-être point suffi pour le réveiller, si des hommes, auxquels la France devra une éternelle reconnaissance, n'étaient venus le faire revivre, pour ainsi dire, de ses cendres et lui permettre de s'affirmer de nouveau, d'une manière héroïque, à la face de l'univers.

Cette somnolence était le résultat de ce système de *centralisation abusive*, qui a fait tant de mal à l'armée et qui a tué en province toute vie nationale et politique : « Ce que j'admire le plus, dit M. de Tocqueville, dans son excellente étude sur la démocratie en Amérique, ce ne sont pas les effets administratifs de la décentralisation, ce sont ses effets politiques. Aux États-Unis, la patrie se fait sentir partout. Elle est un objet de sollicitude depuis le village jusqu'à l'Union entière. L'habitant s'attache à chacun des intérêts de son pays comme aux siens mêmes. Il se glorifie de la gloire de la nation ; dans les succès qu'elle obtient, il croit reconnaître son propre ouvrage et il s'en élève ; il se réjouit de la prospérité générale dont il profite. Il a pour sa patrie un sentiment analogue à celui qu'on éprouve pour sa famille, et c'est encore par une sorte d'égoïsme qu'il s'intéresse à l'État. »

Cette communauté d'intérêts et de besoins entre le citoyen et sa patrie est le résultat d'une instruction générale déjà très-développée, et nous devons reconnaître que, sous ce rapport, la Prusse est plus avancée que la France : les classes élevées de la société sont moins instruites et moins policées que chez nous, mais on trouve beaucoup moins d'ignorance dans le peuple : toute la jeune génération sait lire et écrire.

Le gouvernement en outre ne néglige aucune occasion d'exalter le patriotisme national, et on peut dire que c'est dans son identification avec les aspirations de la nation que réside la puissance de la Prusse.

Plus loin, le même auteur, comme s'il voulait décrire ce qui se passe en France, ajoute : « Il y a telles nations dans l'Europe où l'habitant se considère comme une espèce de colon indifférent à la destinée du lieu qu'il habite. Les plus grands changements surviennent dans son pays sans qu'il s'en doute. Bien plus, la fortune de son village, la police de sa rue, le sort de son église ne le touchent point ; il pense que toutes ces choses ne le regardent en aucune façon et qu'elles appartiennent à un étranger puissant qu'on appelle le gouvernement. Pour lui, il jouit de ces biens comme un usufruitier, sans esprit de propriété et sans idées d'amélioration quelconque.

» Quand les nations sont arrivées à ce point, il faut qu'elles modifient leurs lois et leurs mœurs, ou qu'elles périssent ; car la source des vertus publiques y est comme tarie : on y trouve encore des sujets, mais on n'y voit plus de citoyens. »

L'armée française, dans la lutte gigantesque qu'elle allait entreprendre, n'était donc soutenue par aucune idée nationale ; mais, à défaut d'enthousiasme, la discipline est encore suffisante pour faire accomplir de grandes choses et assurer le succès. Voyons dans quelles conditions se présentaient nos troupes sous ce rapport.

Notre règlement sur le service intérieur dit que : « la discipline faisant la force des armées, il importe que tout supérieur trouve dans son inférieur une obéissance passive et de tous les instants. »

Cette définition, qui réduit la discipline dans une armée à une obéissance passive, est mauvaise et au moins incomplète.

Un soldat qui attend pour agir l'ordre de ses chefs, qui y obéit, mais ne sait pas s'en passer, n'est point un soldat discipliné.

Connaître les devoirs de sa charge, chercher à deviner et à prévoir ce qu'on attend de lui, se conduire loin de l'œil de ses chefs comme s'il était sous leur surveillance immédiate, avoir confiance à la fois dans ses supérieurs, dans ses égaux et dans les moyens qu'on a à sa disposition, faire passer ses intérêts et ses besoins particuliers après les intérêts et les besoins généraux, trouver en soi-même une force morale qui fasse résister à toutes les fatigues et à toutes les privations, être dévoué jusqu'à la vie à son drapeau et à ses chefs, voilà quelques-unes des qualités du soldat réellement discipliné. Il ne suffit pas qu'il obéisse à un ordre, il faut en même temps qu'il l'approuve, qu'il ait confiance dans la sagesse de celui qui l'a donné, et qu'il soit persuadé que son exécution contribue à augmenter son bien-être et sa sécurité.

La discipline est donc chose d'éducation : elle ne peut s'acquérir que par le temps et l'usage, par la connaissance des hommes et des choses.

Cette discipline morale, dont la nature et les effets ne doivent pas être confondus avec la discipline que nous appellerons matérielle, ne s'impose pas non plus par les mêmes moyens.

L'espoir d'une récompense et la crainte d'un châtiment peuvent suffire en temps de paix pour maintenir les divers éléments de l'armée dans la sphère respective de leurs devoirs et de leurs attributions ; en campagne ces moyens sont sans effets, les mesures de rigueur produisent souvent un résultat contraire à celui qu'on se propose ; elles n'ont jamais ramené la victoire sous les drapeaux.

L'appât de récompenses n'agit également que sur quelques natures ambitieuses, qui ne sont pas toujours les meilleures ni les plus dévouées. Le général Trochu, dans un langage élevé, a dit que « l'opinion seule pouvait récompenser dignement le sacrifice de la vie. » Certes cette récompense, d'un ordre moral, a une grande valeur; mais, quand on est face à face avec la mort, on ne songe guère à l'opinion des autres, et malheur à celui qui ne trouve pas en lui-même la force de bien faire, dans sa conscience seule la récompense de son abnégation et de son dévouement.

Plusieurs causes ont détruit la discipline dans notre armée : les tendances égalitaires de la nation, l'annihilation des grades inférieurs par les grades supérieurs, la médiocrité générale des chefs qui ne savent pas inspirer à leurs subordonnés une confiance absolue en eux.

Le suffrage universel, introduit en 1848 dans nos institutions, avait consacré l'égalité politique de tous les citoyens, et l'armée elle-même avait été admise à prendre part aux votes fondamentaux de notre constitution. C'était une grande faute au point de vue social, une plus grande encore au point de vue militaire : — Le soldat devenait dans cet acte l'égal de son chef ; il pouvait non-seulement se soustraire à son influence, mais même la combattre, et le prestige du commandement, de l'autorité, se trouva par cela même gravement compromis. En même temps des doctrines humanitaires se faisaient jour dans la nation et réclamaient pour le soldat citoyen un traitement plus doux, une discipline moins sévère, un Code pénal moins barbare; de nos jours nous avons vu la presse, des députés à la Chambre, prendre en main la défense d'individualités souvent peu recommandables contre les exigences des règlements militaires, et sommer le ministre de la guerre lui-même de donner des renseignements à l'opinion publique sur des faits de police intérieure des régiments.

Sous cette pression d'une masse ignorante des besoins de l'armée, en raison aussi du bien-être et de l'inaction qu'on créait à dessein aux troupes, particulièrement dans la garde et à Paris, un relâchement général se produisit : on hésitait à punir les fautes, on craignait de mécontenter le soldat par des manœuvres trop longues ou faites par un mauvais temps ; l'instruction n'était plus donnée pour préparer le soldat à la guerre, mais bien pour satisfaire aux prescriptions d'un service journalier ; on suivait la lettre, mais l'esprit était absent, et un déplorable système de fausse paternité s'introduisait peu à peu dans nos mœurs militaires.

Nous avons dit plus haut que dans notre armée les chefs ne s'élèvent que rarement dans la pratique à hauteur de leur grade, et que la plupart continuent à remplir les fonctions des grades inférieurs ; il en résulte un double inconvénient, pour eux d'abord, et pour ceux qui sont sous leurs ordres, qui se voient par suite complétement annihilés, et perdent peu à peu le goût de leur métier.

Cette remarque est générale et s'applique à tous les degrés de notre hiérarchie militaire. Les colonels n'ont aucune liberté d'action ni pour les détails du service intérieur de leur régiment, ni pour la direction de l'instruction : ils doivent suivre pas à pas les prescriptions qui leur sont tracées par des généraux souvent même étrangers à l'arme et qui n'en connaissent ni les besoins ni les exigences ; les chefs de bataillon ou d'escadron ne sont que les porte-voix et les agents du colonel et sont privés de toute initiative ; les commandants de compagnie, dont les fonctions sont si importantes qu'en Prusse on a fait des capitaines une classe à part, intermédiaire entre les officiers subalternes et les officiers supérieurs, sont tenus en tutelle directe pour l'administration et le commandement par les commandants de bataillon : lorsqu'un chef de corps veut savoir si les effets de linge ou chaussure d'une compagnie sont en bon état, il fait passer la revue par le chef de bataillon, souvent il la passe lui-même.

C'est ainsi que de grade en grade on a détruit le prestige du chef vis-à-vis de ceux qui sont directement sous ses ordres.

Le règlement prussien, plus sage et plus prévoyant, a voulu combattre cette cause d'affaiblissement dans l'armée, et il a assuré à chaque grade une certaine indépendance en même temps qu'une responsabilité définie :

« La conséquence nécessaire de toute immixtion prématurée du supérieur dans le cercle d'action de l'inférieur est avant tout que le charme, la joie et la gaîté pour le service ne sont plus favorisés mais empêchés, que le développement de l'individualité et de l'initiative devient impossible, qu'enfin les supérieurs eux-mêmes tombent dans un esprit étroit, et au lieu de s'instruire sur les devoirs du grade supérieur à leurs fonctions, ils restent dans la situation qu'ils avaient prise dans la position de service immédiatement inférieure.

» Le devoir des généraux est de s'opposer de toute leur puissance à ce fâcheux état de choses. »

Les lieutenants et sous-lieutenants sont employés chez nous dans les détails les plus infimes du service, pour conduire une corvée, pour surveiller l'instruction de quelques recrues, là où en Prusse on mettrait à peine un sous-officier. Vivant pour ainsi dire constamment au milieu de leurs hommes, ils finissent par perdre tout prestige à leurs yeux et le capitaine devient le premier comme le seul échelon d'autorité dans la compagnie.

Les sous-officiers ne sont que des soldats privilégiés, mieux traités, mieux habillés, mieux payés, mais ce ne sont point à proprement parler des chefs militaires ; on ne cherche point à les grandir à leurs propres yeux et à ceux de leurs soldats : on ne leur confie l'exécution d'aucun service sans les faire surveiller par un officier ; souvent ils sont réprimandés ou punis même devant leurs inférieurs, enfin leur position matérielle est plus que précaire dans le présent, sans garantie aucune pour l'avenir.

Cet effacement presque complet des grades inférieurs passe inaperçu en temps de paix : les détails du service sont peu nombreux et peuvent être prévus et indiqués à l'avance ; il suffit d'une impulsion d'en haut pour faire marcher à peu près régulièrement la machine. L'habitude et la routine remplacent le raisonnement et l'intelligence ; l'ordre et la discipline sont à la surface : les prescriptions du commandement se transmettent par la filière hiérarchique et tous obéissent sans murmures ; il n'y a point de conflits entre les différentes grades, chacun est dans sa case et y reste ; tout est pour le mieux.

Mais en campagne, les devoirs et les attributions de chacun s'élargissent subitement : les besoins de toute nature augmentent en même temps que les moyens d'y faire face diminuent ; les causes d'indiscipline et de démoralisation, telles que les fatigues, les maladies, la mauvaise nourriture, les pertes au feu, nécessitent l'action réparatrice de tous les échelons de la hiérarchie.

Les opérations de la guerre elle-même exigent de la part des chefs une connaissance approfondie de leurs fonctions, de la part des soldats une confiance absolue dans leurs chefs. On cherche en vain, au moment du besoin, à obtenir ce résultat : les chefs succombent sous une responsabilité à laquelle ils ne sont pas habitués, et leurs hésitations créent la défiance autour d'eux.

Mais ce n'est pas tout : au grand air, loin de ses chefs immédiats, en présence d'un avenir plein d'inconnu, l'esprit critique de chacun se donne libre carrière; rien n'est épargné. Les généraux en chef, les commandants de corps d'armée et de division, les états-majors, l'intendance, toutes les autorités de commandement et d'administration défilent devant ces tribunaux, où la personnalité du juge trouve seule grâce, et on peut dire que la plupart des officiers sont vis-à-vis de leurs inférieurs en professorat permanent d'indiscipline. Le plus souvent ils n'ont pas les éléments suffisants pour juger les opérations; cela ne fait rien : ils pensent se rehausser aux yeux de leurs soldats en taxant d'ineptie et d'incapacité les chefs de l'armée, ne s'apercevant pas qu'en sapant ainsi sans cesse le principe d'autorité, ils affaiblissent la leur, et qu'ils détruisent l'élément le plus important pour le succès.

Loin de nous de vouloir blâmer l'étude que les officiers peuvent et même doivent faire des opérations d'une campagne : c'est ainsi qu'on forme son jugement et qu'on acquiert de l'expérience; mais la critique ne devrait jamais se faire publiquement et surtout devant les soldats. Il faudrait enfin détruire cette jalousie mesquine, qui se manifeste souvent, de certains officiers de troupe contre les officiers d'état-major et qui fait qu'ils n'acceptent qu'avec contrainte les ordres du commandement. — C'est toujours le même esprit étroit qui juge de l'ensemble par le détail, et qui n'admet l'utilité d'une mesure que lorsqu'il s'en est lui-même rendu compte.

Nous devons signaler aussi une fâcheuse habitude

importée dans notre armée par les troupes venant d'Afrique, et qui eût eu à la longue une influence bien funeste sur la discipline : nous voulons parler de la maraude. Nos soldats, dès qu'ils étaient arrivés sur l'emplacement de leur camp, s'empressaient d'aller dévaster les champs voisins de leurs légumes et de leurs fruits ; ils en prenaient même au delà de leurs besoins ; l'excédant était perdu et il était en outre impossible d'indemniser le propriétaire. Si la campagne eût continué, il eût été urgent de prendre des mesures énergiques contre un pareil fait qui ruine le pays et déshonore une armée. Il eût été en outre facile de régulariser des distributions de cette nature et d'introduire ainsi dans l'alimentation du soldat une amélioration que justifient les fatigues énormes qu'il doit supporter en campagne.

De tout ce qui précède, il résulte que la discipline laissait beaucoup à désirer dans notre armée : suffisante pour lui permettre de se porter en avant en cas de premiers succès, elle devait être impuissante à conjurer les effets de dislocation qui se manifesteraient après des revers, et nos défaites de Freschwiller et de Forbach sont venues prouver surabondamment qu'elle n'était que factice et superficielle.

Comme un vaisseau désemparé par la tempête et qui, sans mâts et sans pilote, erre au gré des vents, cette armée flotta incertaine des rives de la Sarre à celles de la Moselle, des Vosges au camp de Châlons, puis sur la Meuse, sans pouvoir reprendre ni cohésion, ni confiance, ni discipline, et alla enfin échouer misérablement à Sedan et à Metz.

Les événements qui ont suivi la chute de l'armée régulière ont démontré toute l'importance de la discipline. Le Gouvernement de la défense nationale, enfantant des prodiges, a fait sortir du sol de nombreuses légions : il les a habillées, équipées, organisées et instruites; il n'a pu leur donner cet esprit de discipline qu'on ne trouve que dans les vieilles armées et qui seul peut ramener le succès. C'est ce même esprit que la nation prussienne tout entière a su s'assimiler et qui a donné à ses armées, pendant toute cette campagne, un élément incontestable de supériorité.

« Je n'oublierai jamais, écrit le grand Frédéric, ce que Végèce dans un certain enthousiasme nous dit des Romains : Et à la fin, la discipline triompha des corps allemands, de la force des Gaulois, de la ruse des Allemands, du grand nombre des barbares, et subjugua tout l'univers connu. Tant la prospérité d'un État est fondée sur la discipline. »

IV. Services administratifs.

Les vices de notre organisation administrative se sont révélés dans cette campagne d'une manière plus saisissante encore que dans celles qui l'ont précédée; ils peuvent se résumer en quelques mots : Confusion dans l'organisation des services, impuissance pour la satisfaction des besoins, encombrement tel qu'ils enlèvent à l'armée toute mobilité.

De tout temps on a trouvé commode d'en rejeter sur le personnel de l'intendance la responsabilité complète. Je n'ai point pour but de chercher à le justifier de ces attaques : je dirai seulement que les fonctionnaires de l'intendance sont en général intelligents et dévoués, mais ils ont des devoirs et des attributions tellement étendues, un personnel sous leurs ordres tellement restreint, qu'il leur est matériellement impossible de faire face à toutes les exigences de leur service. C'est donc au système et non aux individus qu'il faut s'en prendre.

Il est juste toutefois de constater que c'est le corps de l'intendance lui-même qui, par esprit d'ambition et de vanité, a créé cet état de choses, en cherchant constamment à étendre le cercle de ses attributions à la fois sur les services administratifs, sur le service médical et sur les troupes du train.

Organisation des services. La cause première de la confusion dans nos services administratifs est qu'on n'a pas tracé à chacun d'eux des obligations et une responsabilité définies : leur fonctionnement exige le concours continuel de l'intendance, dont l'action devrait se borner à une direction générale et au contrôle de ce qui a été fait.

L'intendant d'un corps d'armée ou d'une division doit à la fois s'occuper de la constitution des approvisionnements de bouche pour les hommes et les chevaux, pain, viande, avoine, fourrages, etc., de leur distribution; du transport de ces denrées pendant les marches; de la formation de magasins de réserve de toute nature; de l'organisation des ambulances, du soin de ramasser les blessés sur le champ de bataille, de la direction des ambulances pendant les marches, de l'évacuation enfin des blessés ou malades sur les hôpitaux de l'intérieur.

Pour satisfaire à des obligations si nombreuses et si difficiles, l'intendance n'a eu que des moyens insuffisants en personnel et matériel : quelques officiers d'administration, quelques infirmiers, quatre ou cinq voitures d'ambulance ; le plus souvent il n'y avait point pour les transports de train des équipages régulier.

Au lieu de faire en détail la critique de nos services administratifs en campagne, nous trouvons plus simple d'exposer ici leur organisation dans l'armée prussienne; on verra ainsi avec quelle expérience, quelle connaissance profonde des besoins, tout y est prévu et tracé d'avance, comment la division des services et de la responsabilité produit dans toutes les branches l'ordre et l'harmonie et assure l'entière satisfaction des besoins.

Organisation des services administratifs dans l'armée prussienne. Les attributions générales des fonctionnaires de l'intendance sont à peu près les mêmes qu'en France, mais leur action ne s'étend pas sur les détails d'exécution.

Ils sont personnellement responsables des services qu'ils dirigent; toutefois une très-grande latitude leur est laissée pour choisir les chefs et employés des différentes branches de l'administration. L'intendant général d'une armée pourvoit lui-même aux commandements, remplacements et suspensions des employés sous ses ordres, et ce n'est que dans ce dernier cas qu'il doit adresser ses propositions au ministre de la guerre.

Les intendants des corps d'armée et des divisions répartissent eux-mêmes le personnel qui est mis à leur disposition comme ils l'entendent et ils doivent tenir compte moins du grade et de l'ancienneté de service des employés que de leur aptitude.

Le règlement trace d'une manière précise les devoirs des intendants : ils doivent assurer tous les besoins matériels de l'armée, le service des transports et des ambulances, l'établissement de magasins de réserve d'approvisionnements et des choses les plus nécessaires pour les lazarets, et d'où l'on puisse tirer facilement tout ce dont on a besoin soit dans une marche en avant, soit en retraite.

Les dispositions à prendre en vue d'un combat sont également indiquées, de manière qu'après un succès les ravitaillements soient abondants et rapides, qu'en cas de revers les magasins, les dépôts et les malades soient mis en sûreté.

Comme moyens d'exécution, les intendants ont à leur disposition divers services administratifs :

1° Le service de l'approvisionnement de campagne,
2° Le service de la boulangerie de campagne,
3° Le train administratif,
4° Le personnel médical dirigeant près des lazarets de campagne et des dépôts de réserve de lazarets.

1° *Service de l'approvisionnement de campagne.* Il a pour mission de pourvoir à l'alimentation de tous les éléments, hommes et chevaux de l'armée mobile : il rassemble les denrées naturelles nécessaires, les gère, les transforme, les distribue et en tient le compte régulier.

Le cercle d'action des employés de ce service est, comme étendue, complétement indépendant de la situation particulière des corps d'armée ou divisions auxquels ils sont attachés. Leurs fonctions commencent dès que les troupes entrent en territoire allié ou ennemi.

Le personnel est pris parmi celui des employés qui, en temps de paix, sont chargés de l'administration des divers magasins militaires et fournissent aux troupes le pain, la viande et les fourrages.

Près de chaque corps d'armée, il y a un employé supérieur qui relève de l'intendant du corps d'armée et dirige sous le contrôle de celui-ci l'ensemble du service ; près de chaque division d'infanterie ou de cavalerie et de chaque réserve d'artillerie, il y a un employé ordinaire qui pourvoit aux besoins de ces fractions respectives.

En pays étranger, l'employé supérieur du service de l'approvisionnement de campagne est chargé d'établir les rapports entre les poids et mesures ordinaires du pays et ceux adoptés en Prusse, en se faisant assister au besoin d'experts compétents. Les fixations ainsi arrêtées sont adressées par lui à l'intendant du corps d'armée qui les transmet aux intendants des divisions. Il a en outre la direction supérieure de la boulangerie de campagne.

2° *Service de la boulangerie de campagne.* Ce service doit assurer, avec le concours des ouvriers de la colonne de boulangerie dont nous parlerons plus loin, les besoins en pain et biscuit du corps d'armée. Il est chargé en outre de la conduite des animaux vivants, nécessaires pour assurer la distribution de viande, de leur abatage, de leur répartition et de la vente des issues ; il y a dans ce but un certain nombre de bouchers attachés à chaque colonne de boulangerie.

3° *Train administratif.* Le train administratif est formé, dans chaque corps d'armée, par le bataillon du train qui, sur le pied de guerre, se compose de :

L'état-major ;

Cinq colonnes d'approvisionnements ;

Trois détachements de santé, y compris une compagnie de krankentræger (relevant les blessés);

Le dépôt de chevaux ;

La colonne de boulangerie de campagne ;

Et enfin l'escadron d'escorte du train près de la colonne des parcs de transports.

D'après l'instruction du 13 avril 1859, le service du

bataillon du train d'un corps d'armée, en temps de guerre, a pour but : d'effectuer, au moyen des colonnes d'approvisionnements, le transport de tout ce qui est nécessaire à l'armée; de pourvoir, par la colonne de boulangerie de campagne, aux besoins en pain et biscuit du corps d'armée, s'ils ne peuvent être assurés d'une autre manière; de faire conduire également par celle-ci des animaux sur pied pour la fourniture de la viande; de permettre le remplacement des pertes en hommes et en chevaux par les ressources du dépôt; de faire relever par la compagnie des krankentræger les blessés sur le champ de bataille, de les conduire aux lieux de pansement pour recevoir les premiers secours de l'art, et les transporter ensuite dans les lazarets de campagne; de veiller enfin au trésor royal qui lui est confié, et de le défendre au besoin contre toute attaque.

Chaque colonne d'approvisionnements se partage en deux détachements et une réserve. Chaque détachement se compose de 4 trains de chacun 2 sections. La section comprend deux prolonges attelées et équipées. Une colonne a donc 32 voitures, plus la réserve et la forge de campagne qui appartiennent, comme section particulière, au premier détachement.

La colonne de boulangerie de campagne comprend cent ouvriers et forme six sections : quatre de boulangers, une de bouchers et une section d'ouvriers de diverses professions, particulièrement des tonneliers, des menuisiers et des maçons. Les voitures de transport, les soldats du train et les chevaux attachés à cette colonne forment un train.

La compagnie de krankentræger se partage en trois détachements et ceux-ci en sections comme dans les compagnies d'infanterie.

La répartition des divers détachements du train entre les divisions et la réserve d'artillerie du corps d'armée, se fait suivant les circonstances particulières où se trouvent ces fractions, et suivant leurs besoins.

Le commandeur du train est sous les ordres immédiats du général commandant le corps d'armée et se trouve à son quartier général. Il a sur tout son personnel les pouvoirs d'un commandeur de régiment. L'intendant lui fait connaître, d'après les ordres du général, les mesures qui ont été prises pour assurer la satisfaction des divers besoins de l'armée, mais le commandeur du train règle lui-même, et sous sa propre responsabilité, les détails d'exécution.

Les chefs de colonnes sont personnellement et matériellement responsables envers lui de la bonne conduite et de l'aptitude du personnel sous leurs ordres et aussi de la conservation et de l'entretien du matériel qui leur est confié.

4° *Personnel médical dirigeant des lazarets de campagne et des dépôts de réserve de lazarets.* Tout ce qui concerne l'organisation et le service des lazarets est fixé par le règlement du 17 avril 1863.

Dès que l'ordre de mobilisation a été promulgué, on organise immédiatement douze lazarets de campagne avec le personnel médical nécessaire, un personnel de réserve et enfin un dépôt de réserve des lazarets de campagne.

Chaque lazaret de campagne peut contenir 200 malades ou blessés.

Ces lazarets, analogues à nos ambulances, ont pour but de donner sur le champ de bataille les premiers secours aux blessés, et de les soigner ensuite jusqu'à ce qu'ils soient en état d'être évacués sur les dépôts de réserve ou dans des établissements hospitaliers.

Chaque lazaret forme deux sections, un détachement mobile et un dépôt. Les hommes du détachement mobile font diriger les blessés du champ de bataille sur l'ambulance, opèrent un premier pansement en l'absence des médecins, réconfortent enfin les patients. Le transport des malades est l'affaire des krankentræger, mais les infirmiers doivent également y coopérer, et dans ce but, ils sont toujours deux par deux et avec un brancard.

Le dépôt des lazarets s'approche le plus possible du détachement mobile, s'établit dans une ferme et prend ses dispositions pour soigner les blessés qui y viennent eux-mêmes ou qui y sont apportés.

Les lazarets de campagne relèvent du commandement au point de vue de leur emplacement et de l'évacuation des malades; du médecin général du corps sous le rapport médical et pharmaceutique; de l'intendant du corps d'armée comme administration et économie. Le commandeur du train surveille le service des transports.

A la tête de chaque lazaret de campagne est un médecin supérieur d'état-major, responsable de l'ensemble du service et donnant des ordres à tout le personnel du lazaret. Sous sa direction, le commandeur du train exécute les transports et veille à la police intérieure, l'inspecteur est chargé de l'administration économique : tout deux sont responsables chacun de leur service spécial (1).

Cet exposé rapide de l'organisation des services administratifs dans l'armée prussienne est suffisant pour faire voir toutes les imperfections de la nôtre, combien elle

---

(1) Tout ce qui précède est traduit presque textuellement des règlements sur l'organisation de l'armée fédérale : *Heerwesen des Norddeutschen Bundes*, von Frœlich, Berlin 1868.

était incomplète et confuse, combien enfin, malgré la bonne volonté et l'intelligence des fonctionnaires de l'intendance, il était difficile d'arriver à la satisfaction des besoins. On peut dire que ces divers services n'existaient chez nous qu'à l'état rudimentaire.

Les moyens de transports réguliers surtout faisaient défaut, et on était obligé de traîner à la suite des troupes des équipages de réquisition qui enlevaient à l'armée toute mobilité. Ces moyens auxiliaires ne doivent être employés en principe que sur les derrières de l'armée : encore faut-il les organiser militairement, affecter des numéros d'ordre aux conducteurs et aux voitures, les organiser en sections et en détachements et leur donner des cadres en officiers, sous-officiers et soldats du train ; le mieux même est de faire conduire toutes ces voitures par des soldats, et ce n'est que par ce moyen qu'on peut obtenir de l'ordre et de la mobilité.

Nous avons vu former sous nos yeux en Allemagne, particulièrement à Coblenz, de nombreuses colonnes de voitures de réquisition, destinées à ravitailler l'armée du Nord et même les troupes qui assiégeaient notre capitale : nous avons été frappé de l'ordre et de la méthode apportées dans ces formations, de la simplicité des moyens et de la rapidité du résultat obtenu.

Le service de nos ambulances était également très-incomplet, et le personnel des infirmiers est notoirement insuffisant pour ramasser les blessés sur le champ de bataille : il en résulte que les combattants eux-mêmes font ce service, ce qui est très-préjudiciable au succès de l'action et à la discipline.

Quant aux colonnes de boulangerie, il n'en existe pas, et lorsque les intendants veulent faire fabriquer du pain, ils sont obligés de demander au commandement des ouvriers temporaires qu'on ne leur accorde souvent que de mauvaise grâce, et qui, n'étant pas dressés à ce service, le remplissent mal.

La satisfaction des besoins matériels d'une armée est un des éléments les plus importants pour le succès et on ne se soustrait jamais sans de graves inconvénients à cette nécessité. Le fonctionnement régulier des divers services administratifs exige une organisation très-large en personnel et en matériel, et c'est mal comprendre ses propres intérêts que de chercher à en restreindre les éléments au delà d'une certaine mesure.

Le train, dans l'armée prussienne, comprend, sur le pied de guerre, un personnel considérable surtout en officiers. Ceux-ci sont pris au besoin parmi les officiers des autres armes, cavalerie ou infanterie, qui sont en congé ou à disposition. Aucune défaveur d'ailleurs ne s'attache à ce service, dont la direction demande beaucoup d'intelligence, d'énergie et d'expérience.

Satisfaction des besoins. Malgré cette insuffisance de personnel et de moyens, mais en raison du peu de durée des opérations en rase campagne, l'armée n'a point eu à souffrir matériellement et a eu constamment, comme vivres, le nécessaire. La viande et le biscuit n'ont jamais manqué, et c'est tout au plus si, dans certains corps, on a été privé pendant deux ou trois jours de distributions régulières de pain.

L'honneur n'en revient pas à nos services administratifs, mais bien aux ressources immenses du pays qui n'était pas encore épuisé, aux moyens de communications faciles et rapides que présentait le théâtre d'opérations; en sorte que le reproche le mieux fondé qu'on puisse adresser à notre administration, dans le cours de cette campagne, est, non pas d'avoir été impuissante à satisfaire les besoins, mais bien d'avoir été excessivement encombrante et d'avoir enlevé à l'armée toute mobilité.

Il est vrai que les combinaisons stratégiques de nos généraux étaient loin de rendre facile la tâche de l'intendance : lorsqu'une armée de cent quarante mille hommes exécute une marche stratégique dans les conditions où se fit celle de l'armée de Châlons sur Sedan, menacée par l'ennemi en flanc et en queue, dans un pays pauvre, coupée presque complétement de ses bases d'opération, il faut nécessairement qu'elle emmène avec elle des approvisionnements immenses, qui ralentissent forcément sa marche, et le défaut de mobilité qui en résulte dans les opérations paraît suffisant pour faire rejeter en principe de pareilles combinaisons militaires.

Le premier élément de succès d'un mouvement stratégique opéré en présence de l'ennemi est la rapidité dans l'exécution : il faut, par suite, une mobilité très-grande des troupes et du matériel. C'est ce défaut de mobilité qui, tout récemment, a été la cause de l'échec de l'armée de Bourbaki dans sa marche vers l'Est, pour débloquer Belfort et couper les communications des Prussiens par l'Alsace.

Quoi qu'il en soit, il est évident que si les opérations eussent duré plus longtemps et se fussent étendues sur le territoire ennemi, nous aurions bien vite été forcés de renoncer au système de faire suivre l'armée par des convois portant les vivres, dont elle a besoin, et nous aurions adopté le seul moyen praticable, c'est de faire vivre l'armée sur le pays.

Nous avons dit plus haut comment le système d'éclaireurs employé par les Prussiens facilite la concentration des approvisionnements, en faisant porter les réquisitions sur une très-grande surface de pays.

Ajoutons, pour en finir avec ce sujet, qu'aucune mesure d'organisation ni de discipline n'avait été prise pour obvier aux inconvénients que nous avons signalés dans l'emploi des voitures de réquisition comme moyens auxiliaires de transport.

Ces voitures marchaient sans ordre et sans direction, avec des intervalles énormes, le plus souvent au milieu même de la route, les unes vides, les autres trop chargées ; il était impossible surtout d'obtenir des heures de départ fixes et régulières.

Dans le cas particulier où l'armée devait être précédée de son convoi, comme, par exemple, dans sa marche de Reims sur Sedan, le départ des troupes de leurs campements successifs était subordonné à celui des vivres et des bagages, et nous avons indiqué dans la deuxième partie, combien avait été funeste pour l'armée le retard qu'éprouva le 7ᵉ corps, le 30 août, pour quitter le village d'Oches, par suite du nombre immense de ses voitures et de la fatigue des attelages.

CHAPITRE III.

DE LA STRATÉGIE.

I. SES PRINCIPES : MOBILITÉ DES TROUPES, CONCENTRATION SUR LE POINT DÉCISIF. — II. AVANTAGES DE L'OFFENSIVE. — III. RÔLE NOUVEAU DES PLACES FORTES. — IV. LA STRATÉGIE DE NOS GÉNÉRAUX.

I. De la stratégie. — Ses principes.

La stratégie est l'art de disposer et de faire mouvoir les troupes sur le théâtre d'opérations, à portée de l'ennemi, mais hors de sa vue. Les règles de cette science ont été posées d'une manière exacte et immuable par les grands généraux des temps modernes, Gustave-Adolphe, Turenne, Malborough, Frédéric, l'archiduc Charles et Napoléon.

Dans les éléments de stratégie que le roi de Prusse écrivait pour ses généraux en 1770, il dit : « Une armée est seulement un instrument préparé, dont les généraux doivent savoir se servir, et qui si bonne qu'elle soit en elle-même ne peut être utile que si on comprend bien son emploi ; » et plus loin il ajoute : « A la guerre, on ne viole point sans en être puni les règles de l'art. »

Les principes de la stratégie, si difficiles à bien appliquer, n'en sont pas moins d'une grande simplicité comme doctrine : mobilité des troupes, concentration de celles-ci sur le point décisif.

Les armées doivent, en effet, se fractionner pour rendre leur marche plus rapide et moins fatigante et aussi pour pouvoir vivre dans de meilleures conditions ; le jour du combat, elles doivent se trouver dans le plus grand état de concentration possible.

Mobilité des troupes.

Notre armée se présentait, sous ce rapport, dans d'assez mauvaises conditions : en raison de la charge énorme des fantassins et des chevaux de la cavalerie, grâce aux convois immenses de vivres et de bagages qui la suivaient, elle était devenue moins mobile que les troupes allemandes auxquelles on a de tout temps reproché leur lenteur.

L'adoption du fusil à tir rapide rend absolument nécessaire l'allégement de l'équipement de l'infanterie. Le fantassin en campagne doit non-seulement pouvoir supporter les fatigues de la marche, mais avoir encore assez d'énergie pour manier son fusil soit comme arme de jet, soit comme arme de main.

Dans l'état actuel, il est tellement surchargé, qu'il ne suit qu'avec peine les mouvements qui se font sur le champ de bataille : aussi voyons-nous, dans toutes nos dernières guerres, que lorsqu'on doit demander aux troupes une action décisive, on est obligé pour leur donner un peu de mobilité, de leur faire abandonner leurs sacs ; on a pu dans le cours de cette campagne constater les nombreux inconvénients de cette mesure.

On admet qu'un homme, marchant d'un pas modéré et

sur un terrain horizontal, peut faire de 6 à 7 lieues par jour avec un poids moyen de 30 kilogrammes ; une nourriture abondante et un repos convenable doivent également lui être assurés. Il est évident que dans des routes accidentées ou mal entretenues, par un mauvais temps, avec une nourriture insuffisante, conditions qui ne se réalisent que trop souvent à la guerre, ce poids doit être considérablement diminué. Le soldat ne devrait pas porter plus du tiers de son poids, c'est-à-dire de 20 à 22 kilogrammes.

L'habillement, comprenant, outre les vêtements de corps, une bonne chaussure, une coiffure légère et un vaste manteau, pèse environ 6 kil. ; le fusil avec la baïonnette et le fourreau pèsent 5 kilogrammes, ce qui donne pour différence, avec le chiffre total fixé, 10 kilogrammes, représentant le poids des vivres et ustensiles de campement et d'une quantité suffisante de cartouches. Comme on a intérêt à augmenter son approvisionnement en munitions et en vivres, il faut diminuer le plus possible les accessoires.

Les Prussiens, dans ce but, ne portent point de tentes : ils couchent le plus souvent dans des lieux habités et leur discipline fait que cela n'a point d'inconvénients ; lorsqu'ils sont obligés de passer la nuit en plein champ, ils se construisent des abris en branchages, ou bien se contentent de bottes de paille. Leur havre-sac est mou et plus léger que le nôtre, ils ont enfin de petites marmites individuelles, moins lourdes et moins encombrantes. Pour porter leurs vivres, ils ont un bissac de toile en bandoulière vers le côté droit. En outre, lorsque leur infanterie marche en dehors du voisinage de l'ennemi, et toutes les fois que cela est possible, les havre-sacs sont portés sur des voitures : c'est ainsi que des corps d'armée entiers sont arrivés à faire dans un jour plus de 40 kilomètres.

Notre fantassin, avec un sac incommode, la tente et les bâtons de tente, un ustensile énorme de campement, ses munitions et quelques jours de vivres, a une charge tellement écrasante qu'il peut à peine faire, d'une manière suivie, 20 kilomètres par jour, et cela au prix des plus grandes fatigues. Si cependant il ne conserve pas, pour le moment de l'action, des forces et une énergie suffisantes, son arme reste impuissante entre ses mains.

Les mêmes observations s'appliquent à la cavalerie, pour qui les inconvénients d'un excès de chargement sont peut-être plus graves encore. Ce paquetage avec une tente, des bâtons, des piquets ferrés ou des cordes au-dessus du porte-manteau, des vivres dans une sacoche par derrière, nuit à l'action individuelle du cavalier, fatigue énormément le cheval et souvent le blesse.

Ne pourrions-nous pas, à l'instar de l'armée prussienne, supprimer les tentes individuelles et donner également à chaque soldat une petite marmite? Nous croyons que nos troupes gagneraient ainsi beaucoup en mobilité sans qu'il en résultât des inconvénients trop grands pour le campement — nous avons parlé plus haut de l'énorme quantité de voitures du train ou de réquisition qui paralysaient la marche de l'armée : il nous reste à dire quelques mots sur les bagages des officiers.

Les campagnes de notre armée en Afrique ont introduit parmi les officiers des habitudes de bien-être relatif et de confortable qui se prêtent peu aux exigences de la guerre moderne. Chacun d'eux veut avoir une tente spacieuse, une cantine avec des effets de rechange, un matériel dit de popote, ainsi qu'une réserve de vivres, tout cela le suivant pour ainsi dire pas à pas. Une amélioration importante fut apportée après la guerre d'Italie dans le service des bagages, et on substitua aux mulets individuels des voitures attelées de un ou deux chevaux. Mais les fixations réglementaires dépassent encore les besoins réels, surtout pour les généraux, les états-majors et les officiers sans troupe. Ce sera rendre un véritable service à l'armée que de les restreindre encore, et de forcer chacun à la simplicité dont on ne viole point non plus impunément les règles ; et nous avons pu nous apercevoir souvent, dans les opérations de cette campagne, que les généraux n'étaient point indifférents à ce qui leur appartenait personnellement comme chevaux, voitures et matériel, et que le désir de les sauvegarder avait eu parfois une influence fâcheuse sur leurs résolutions.

Concentration des troupes sur le point décisif.

La concentration de tous ses éléments de force au moment du combat est le principe le plus important en stratégie : de son observation rigoureuse et de tous les instants dépend le succès des opérations d'une armée. — Il suffit de jeter un coup d'œil sur les emplacements qu'ont occupés nos troupes dans les diverses périodes de la campagne pour voir comment ce principe a été observé par nos généraux (1). Les corps d'armée étaient dans l'impossibilité de se prêter constamment un mutuel appui ; souvent dans un même corps d'armée les divisions étaient

---

(1) Voir Planche 1, les positions occupées par les troupes de Mac-Mahon la veille du combat de Wissembourg ; Planche 4, l'emplacement de nos divers corps d'armée le jour du combat de Forbach ; Planche 9 enfin les positions de l'armée de Châlons les 30 et 31 août, où ont eu lieu les combats de Beaumont, de Mouzon et de Bazeilles.

éloignées entre elles de plus d'une journée de marche.

Nos généraux n'étaient pas non plus assez convaincus que, toujours, le premier devoir d'un soldat est de marcher au canon ; dans tout cas ils n'ont point appliqué ce principe. Le général de Failly, malgré les invitations pressantes de Mac-Mahon, se tint immobile à Bitche avec le 5º corps, pendant qu'à quelques lieues de lui se livrait la bataille de Freschwiller ; le même jour, alors que le corps Frossard était attaqué en avant de Forbach par des forces supérieures, le 3ᵉ corps sous les ordres du maréchal Bazaine était tout entier entre Saint-Avold, Forbach et Sarreguemines et resta toute la journée, et bien qu'entendant très-distinctement le canon, dans l'inaction la plus complète ; il ne protégea pas même la ville de Forbach où l'ennemi s'empara le soir d'un matériel et d'approvisionnements très-importants.

Le 30 août, pendant que le 5ᵉ corps, surpris dans son camp, livrait presque en déroute le combat de Beaumont, le maréchal de Mac-Mahon laissait le 12ᵉ corps, qui depuis la veille occupait Mouzon, spectateur impassible de l'action ; le 1ᵉʳ corps continuait sa route sur Carignan, le 7ᵉ corps se dirigeait sur Raucourt, abandonnant le corps de Failly à ses propres forces. Au lieu de concentrer ses troupes, le maréchal les éparpillait à plaisir au moment même du combat, et ce ne fut que le soir, vers quatre heures, alors que tout était perdu, qu'il se décida à donner l'ordre à une brigade du 12ᵉ corps de repasser la Meuse pour protéger la retraite du 5ᵉ corps.

Les généraux prussiens au contraire ont observé scrupuleusement les règles de la stratégie, et c'est dans le plus grand état de concentration possible qu'ils nous ont livré toutes les batailles : ils marchaient toujours et quand même au canon, et j'ai cité, à propos de la bataille de

Saint-Privat, la marche du 2ᵉ corps, qui parti le 18 août à deux heures du matin du village de Villers-en-Haye, à neuf kilomètres au sud de Pont-à-Mousson, arriva vers cinq heures du soir à Rozérieulles, après un trajet de 42 kilomètres, et put encore prendre part à la fin de l'action.

II. Avantages de l'offensive en stratégie.

L'offensive présente les avantages suivants : l'agresseur a un but que l'adversaire ignore ; celui-ci hésite et ses manœuvres sont subordonnées à celles de l'attaque ; l'initiative amène des succès partiels, aux avant-gardes, par exemple, où l'ennemi peut être surpris : cette première supériorité se conserve souvent dans tout le cours de la campagne et décide du succès.

Nous espérons avoir démontré dans la première partie, en faisant l'énumération des forces disponibles des deux pays, qu'il était impossible à l'armée française de prendre l'offensive dans de bonnes conditions, et que le parti le plus sage à prendre était de se tenir sur la défensive ; malheureusement, les premières dispositions adoptées pour l'emplacement de nos troupes nous empêchèrent de les concentrer avant qu'elles ne fussent attaquées et battues en détail par l'ennemi : dès le 6 août, la campagne était perdue.

Il est juste, toutefois, de constater, que l'immense supériorité numérique des Prussiens rendait faciles toutes leurs combinaisons stratégiques, et leur permettait d'avoir à la fois, s'ils voulaient, les avantages de l'offensive et de la défensive. En effet, avec cette masse d'hommes qui couvrait tout le pays et constituait une véritable invasion, ils n'avaient guère à se préoccuper de leur ligne de retraite, car ils étaient à peu près sûrs du succès; et en admettant que notre armée prît une forte position défensive, il est probable qu'ils l'auraient tournée, auraient menacé nos derrières, nos communications et nos approvisionnements, et nous auraient ainsi forcés nous-mêmes à en sortir et à les attaquer.

C'est donc surtout leur nombre qui leur a permis d'exécuter ces mouvements tournants qu'ils affectionnent, et avec raison, autant en stratégie qu'en tactique, et de ne point tenir compte de notre système de places fortes.

« La guerre d'invasion, dit M. Thiers dans ses réflexions sur la campagne de 1797, naquit de ce perfectionnement dans la mobilité des masses. Les barrières élevées à grands frais entre les États, ne furent plus suffisantes pour arrêter une armée nombreuse, enthousiaste et accoutumée à la victoire. »

III. Au point de vue de la stratégie, rôle nouveau des places fortes.

Le rôle des places fortes, dans les guerres actuelles, n'est plus le même qu'au siècle dernier et au commencement du nôtre. Bien que leur importance tactique se soit accrue considérablement, par suite des perfectionnements successifs des bouches à feu et des armes portatives, tant au point de vue de la justesse que de la rapidité et de la puissance du tir, leur importance stratégique a diminué. Elles avaient alors surtout des propriétés défensives, et chaque État ne se trouvait en sûreté chez lui qu'après avoir enveloppé ses frontières d'une double ou d'une triple ligne de places fortes.

L'agresseur, de son côté, se croyait obligé, pour assurer ses communications et ses lignes de retraite, de faire successivement le siége de toutes les forteresses, grandes ou petites, qui se trouvaient sur sa ligne d'opération ou même sur ses flancs : de là cette série interminable de siéges que nous retrouvons à toutes les époques de notre histoire militaire moderne, particulièrement sur notre frontière du Nord, et dont l'insuccès sauva plusieurs fois la France d'une invasion.

L'armée offensive procédait alors méthodiquement, ne laissant derrière elle aucun point dont elle ne se fût assurée. La raison en est simple : c'est que l'effectif des armées était relativement peu considérable, et le corps principal ne voulait pas s'affaiblir en laissant des troupes d'observation devant chaque place : il était forcé alors, d'en entreprendre le siége régulier.

De nos jours, la guerre tend, de plus en plus, à se faire à coups de masses d'hommes : l'armée offensive laisse alors, devant chaque forteresse, un corps d'observation d'un effectif à peu près égal à la garnison de chacune d'elles, pour en faire le blocus sinon l'attaque, et elle évite ainsi de perdre un temps précieux.

La Prusse a eu, d'ailleurs, l'honneur d'inaugurer dans cette guerre un nouveau moyen d'attaque contre les places fortes, qui blesse à la fois les lois les plus sacrées d'humanité et l'honneur militaire professionnel, et qui consiste à bombarder les villes pour intimider les habitants et forcer les troupes à capituler sans avoir subi une attaque régulière. De tout temps, la faiblesse a trouvé grâce devant la force et, comme l'a dit M. Jules Favre, dans une énergique protestation : « Quand elle ne l'a point désarmée, elle l'a déshonorée. »

Le rôle des places fortes, au point de vue de la défense, devient donc secondaire, puisque le plus souvent on ne leur fera pas les honneurs d'un siége. Elles doivent donc être construites, surtout au point de vue offensif, et alors, leur nombre doit être restreint et le choix de leur emplacement modifié.

Elles seront assez vastes pour contenir les approvisionnements de toute sorte, qui sont nécessaires aux armées, et pouvoir servir, en un mot, de bases d'opérations. Enfin, pour mettre la ville et ce qu'elle renferme à l'abri des batteries incendiaires de l'ennemi, il conviendrait d'envelopper l'enceinte d'une série de forts disposés circulairement et à une distance de 8 kilomètres environ, limite de la portée efficace des nouveaux canons de siége.

Seules, les places de Metz, Belfort et Paris, qui se trouvaient dans ces conditions, ont pu offrir une sérieuse résistance, et les Prussiens n'ont pas osé commencer contre elles une attaque régulière. Quant aux autres petites places, Wissembourg, Lichtemberg, Marsal, Vitry, Toul, Verdun, Neu-Brissach, La Fère, Schlestadt, Phalsbourg, Montmédy, Mézières, Rocroy, Péronne, elles sont tombées au bout de quelques jours de bombardement au pouvoir de l'ennemi, qui y a trouvé un matériel considérable et fait énormément de prisonniers. Elles ont eu, en outre, une influence fâcheuse sur la direction des opérations, et malgré les leçons du passé, qui prouvent que le plus souvent les armées, qui s'appuient à des places fortes, ont été battues, le maréchal de Mac-Mahon crut donner à la sienne un nouvel élément de solidité, en la concentrant, le 31 août, autour de Sedan.

Les événements vinrent une fois de plus donner raison aux principes tirés de l'expérience, et le lendemain, une armée de plus de cent mille hommes, acculée à cette petite place, fut obligée de mettre bas les armes.

« Je répéterai encore, dit le roi de Prusse dans son Instruction militaire, qu'un général doit bien se garder de faire des fautes irréparables par le mauvais choix de ses positions, ou de se fourrer dans un cul-de-sac, ou dans un terrain d'où il ne puisse sortir que par un défilé. Car, si son ennemi est habile, il l'y enfermera, et comme il ne sera pas en état de combattre, faute de terrain, il recevra le plus grand affront qui puisse arriver à un soldat, qui est de mettre bas les armes, sans pouvoir se défendre. »

IV. La stratégie de nos généraux.

On peut avec raison appliquer à la stratégie ce que Boileau disait de la littérature :

« La critique est aisée, mais l'art est difficile. »

Sans doute, embrasser l'ensemble d'aussi vastes théâtres d'opérations, connaître ses moyens et ses propres forces, deviner celles de l'ennemi ainsi que ses projets, démêler la vérité au milieu de l'incertitude et des contradictions; prévoir les événements dans le temps et dans l'espace, arrêter d'après cela les projets qui paraissent le plus favorables au succès des opérations, et les exécuter avec rapidité et énergie; savoir profiter d'un avantage remporté et réparer autant que possible un revers; tenir d'une main ferme les rênes d'un mécanisme aussi compliqué, le diriger, le lancer ou le retenir à propos, en ayant soin d'entretenir constamment ou même de développer ses forces, est une tâche qui dépasse pour beaucoup les forces humaines, et qui, de nos jours, ne serait point au-dessous du génie d'un Frédéric ou d'un Napoléon.

Les moyens perfectionnés de toute nature, dont nous disposons, non-seulement comme forces et comme armement, mais aussi comme communications et approvisionnements, facilitent à un haut degré le succès, mais rendent également terribles les revers : les conceptions stratégiques doivent donc plus que jamais être basées sur la prudence et la méthode.

L'expérience est aussi bonne conseillère, et nos généraux, qui passaient sans transition du commandement de une ou deux divisions à celui d'une armée de cent cinquante mille hommes, devaient forcément, à moins de capacités exceptionnelles, être écrasés sous un poids aussi lourd.

Mais si le génie seul peut accomplir à la guerre des prodiges, en renversant souvent les meilleures combinaisons et les plus grandes probabilités, l'observation rigoureuse et constante des principes de la stratégie suffit, dans les conditions ordinaires, pour assurer le succès et pour dégager la responsabilité du commandement.

M. de Moltke et les chefs des armées allemandes ne sont point des génies; mais ils connaissent les règles de l'art militaire et se font un devoir de les appliquer scrupuleusement en toute circonstance, donnant ainsi un exemple de modestie et de bon sens que les nôtres n'ont jamais su imiter.

Les vices dominants de notre stratégie ont été *l'hési-*

tation dans la conception des projets, le *manque de méthode* dans l'exécution.

Au début de la campagne, le plan général des opérations est basé sur une offensive en Allemagne ; les premiers événements de la guerre nous forcent bientôt à rester sur la défensive. Les corps d'armée, qui se trouvent à l'ouest des Vosges, reçoivent l'ordre de se concentrer en avant de Metz pour défendre le passage de la Moselle et livrer sous les murs de cette place une grande bataille ; quelques jours plus tard ils évacuent cette forte position, dans le but de rallier les troupes de Mac-Mahon qui s'étaient retirées des Vosges sur le camp de Châlons ; l'armée livre dans ce but le combat de Borny et la bataille de Rézonville où elle est victorieuse ; puis, sans qu'on puisse en saisir la cause, le maréchal Bazaine abandonne son projet, se tient sur la défensive et, après la journée douteuse du 18, rentre dans Metz.

L'armée de Châlons, sous les ordres de Mac-Mahon, quitte le camp le 21 août pour se retirer sur Paris ; le 23, par suite d'un premier contre-ordre, elle part de Reims pour se diriger vers Montmédy, afin d'opérer sa jonction avec les troupes de Bazaine ; le 27, le maréchal de Mac-Mahon, désespérant du succès de cette manœuvre, abandonne son premier objectif pour se rejeter sur nos places fortes de l'Oise et du Nord ; le 28 au matin, il le reprend de nouveau et l'armée continue sa marche vers la Meuse.

Les divers mouvements des armées sont mal réglés et le plus souvent les corps d'armée sont hors d'état de se prêter un mutuel secours ; les forces des soldats ne sont point utilement ménagées, les marches sont tantôt très-courtes, tantôt démesurément longues ; enfin la préparation des moyens est parfois insuffisante, et la plupart des corps de l'armée de Châlons quittèrent Reims sans avoir une réserve de vivres.

Mais ce fut après chacun de nos revers que se révéla surtout le manque de méthode dans les opérations stratégiques, et presque toujours nos retraites se changèrent en déroute.

Uniquement préoccupés de l'action sur le théâtre du combat, nos chefs négligeaient de prendre les dispositions les plus élémentaires en cas de revers, telles que de faire dégager les lignes de retraite, d'envoyer au loin les impédimenta de l'armée et de reconnaître en arrière une bonne position défensive.

Souvent aussi une résistance par trop opiniâtre sur un point donné compromettait l'existence même de l'armée, et, en laissant pénétrer le désordre dans ses éléments, rendait impossible la défense des positions successives. Le corps de Frossard, après le combat de Forbach, se retira sous Metz; Mac-Mahon, après le désastre de Freschwiller, ne put pas même défendre le défilé de Saverne, et se retira d'une seule traite et sans le moindre engagement postérieur jusqu'au camp de Châlons.

« Je finirai par dire que, si l'on a été battu, il ne faut pas pour cela se retirer à quarante lieues, mais s'arrêter au premier poste avantageux qu'on trouvera, et y faire bonne contenance pour remettre l'armée et calmer l'esprit de ceux qui sont encore découragés. » (Instruction militaire du roi de Prusse.)

Dans les conditions désastreuses où la France avait été engagée contre la Prusse, un succès complet au début des opérations eût été difficile, pour ne pas dire impossible, à obtenir, et j'ai déjà indiqué (p. 71, 1er vol.), le plan de campagne qu'il me paraissait le plus prudent d'adopter; mais il est permis d'affirmer que si les règles de la stratégie eussent été observées, nous n'aurions point à déplorer des désastres comme ceux de Sedan et Metz, ni celui de Paris qui n'en a été que la conséquence forcée.

CHAPITRE IV.

LA TACTIQUE DE NOS GÉNÉRAUX.

I. LES PRINCIPES DE LA STRATÉGIE ONT ÉTÉ SOUVENT SACRIFIÉS A DES AVANTAGES TACTIQUES. — II. ÉTUDE INSUFFISANTE DU TERRAIN POUR LE CHOIX DES CAMPS OU DES POSITIONS. — RAREMENT DES TRAVAUX RAPIDES DE FORTIFICATION SONT EXÉCUTÉS. — III. L'ORDRE DE BATAILLE N'EST POINT BASÉ SUR LA VALEUR RELATIVE DES ÉLÉMENTS DE LA POSITION : IL Y A TOUJOURS UN POINT FAIBLE. — IV. PENDANT L'ACTION, MAUVAIS EMPLACEMENT DES TROUPES DE PREMIÈRE LIGNE, RÉSERVES PEU NOMBREUSES ET TROP TOT ENGAGÉES. — POINT DE COMMANDEMENT NI DE DIRECTION. — TOUS NOS COMBATS ONT ÉTÉ EXCLUSIVEMENT DÉFENSIFS.

La tactique est l'art de disposer et de faire mouvoir les troupes sur le champ de bataille. Elle comprend : l'étude des positions militaires, l'examen des ordres de bataille, les dispositions pour engager l'action, enfin les batailles elles-mêmes.

Les combinaisons tactiques sont moins difficiles à établir que les combinaisons stratégiques, car les armées rivales se voient, se touchent, et la plupart des éléments sont connus avec certitude; mais les règles sont moins précises et une plus grande latitude est laissée à la science et à l'expérience des chefs.

Les perfectionnements nouveaux introduits dans le tir des armes portatives et dans celui de l'artillerie sont venus donner une importance plus grande à la tactique et exiger plus de méthode dans la préparation des diverses opérations.

I. Les principes de la stratégie ont été souvent sacrifiés à des avantages tactiques.

L'histoire est là pour nous prouver que les principes de la stratégie doivent toujours l'emporter sur des considérations tactiques particulières, que les batailles amenées d'après les principes de la stratégie, Marengo, Iéna, ont procuré d'immenses succès, que celles livrées contre ces mêmes règles ont produit d'immenses désastres, comme à Leipzig par exemple.

A Freschwiller, le maréchal de Mac-Mahon se laissa séduire par les avantages tactiques de la position qui se trouve sur la rive droite de la Sauer, et il y livra bataille contrairement à toutes les règles de la stratégie, sans but important, sans protéger d'une manière efficace sa ligne de retraite, sans pouvoir enfin défendre les positions importantes qui se trouvaient en arrière.

Plus tard, dans sa marche de Reims sur Montmédy, il crut donner à ses troupes un élément de solidité et de résistance de plus en mettant la Meuse entre lui et l'ennemi. Il avait l'intention de lui disputer ce passage, mais les événements vinrent déjouer ses projets. Si au contraire le 27 août, dès que la présence des Prussiens lui eut été signalée dans les environs de Grand-Pré et de Buzancy, il avait réuni ses forces et franchi brusquement l'Argonne, il pouvait écraser l'armée du prince de Saxe, qui ne comptait à ce moment que deux corps, la rejeter sur Verdun, puis faire face au prince royal de Prusse qui s'avançait par le sud-ouest.

Le 30 août enfin, acculé à la Meuse et se voyant réduit à livrer bataille, le maréchal eut la fatale inspiration de concentrer son armée autour d'une forteresse, et après les exemples récents d'Inkermann et de Königgrætz, la bataille de Sedan vint encore confirmer ce principe qu'une armée qui s'appuie sur les remparts d'une place a beaucoup de chances d'être battue.

II. Étude insuffisante du terrain pour le choix des camps et des positions défensives.

Une des conséquences du tir rapide et précis des armes à feu portatives est l'importance immense que prennent à la guerre les moindres obstacles naturels ou artificiels qui peuvent abriter une troupe contre les feux de l'ennemi ou donner un commandement aux siens propres.

Non-seulement les armées cherchent, comme par le passé, à se placer sur un terrain favorable, à appuyer leurs lignes de bataille à des accidents du sol qui viennent couvrir leur front, leurs ailes ou leurs derrières, à construire enfin certains ouvrages rapides de fortification sur les points faibles qui seraient dénués de moyens de défense naturels ; mais encore, au moment d'en venir aux mains, presque sous le feu de l'ennemi, elles s'abritent contre ses coups de mousqueterie en creusant en quelques minutes des tranchées où les tirailleurs sont à l'abri.

C'est bien le cas de dire avec le grand Frédéric :

« Une armée est un véritable front de fortification ambulant, » et à l'instar des légions romaines, les troupes doivent manier également bien et la pioche et l'épée.

Les généraux et chefs de tout grade doivent donc étudier avec le plus grand soin le terrain sur lequel ils opèrent, de manière à faire toujours occuper à leurs troupes les positions les plus favorables : la base de cette étude est une connaissance profonde de la topographie et de la fortification passagère.

« Dans l'espace d'un carré de deux lieues, dit le même grand homme de guerre, on peut quelquefois prendre deux cents positions. Le talent du général est de savoir distinguer, au premier moment, tous les avantages que l'on peut tirer d'un terrain. »

Les conditions d'infériorité numérique, dans lesquelles nous nous sommes constamment trouvés par rapport à l'armée prussienne, rendaient plus impérieuse encore l'obligation de profiter du terrain et de chercher à mettre de notre côté les avantages immenses qu'offre la défensive dans les combats.

On peut dire que sous ce rapport la connaissance et la prudence de nos chefs ont été souvent mises en défaut, et les surprises dont nos troupes ont été victimes à Rézonville et à Beaumont n'ont que trop corroboré notre affirmation.

Là aussi notre service en campagne vient fausser les idées qui doivent présider à l'installation d'un camp de marche, en disant : « L'officier chargé de l'établir ne consulte que la sûreté et la commodité des troupes, la facilité des communications, la proximité du bois et de l'eau, les ressources en vivres et en fourrages. » Il semble attribuer à ces divers éléments la même importance, tandis qu'il faut, avant tout et quand même, assurer la sécurité des troupes, au risque de sacrifier leur commodité.

Les diverses positions défensives, successivement occupées par nos armées, n'ont point été suffisamment étudiées par nos généraux en chef, et jamais ceux-ci n'ont cherché à compenser, par des travaux artificiels, la faiblesse de certains points, qui souvent cependant étaient la clef de la position.

Le 18 août, la position adoptée par le maréchal Bazaine était très-forte sur sa gauche où elle était protégée par les pentes rapides du terrain; le centre était appuyée aux trois fermes de Moscou, Leipzig et la Folie qui furent mises en état de défense et reliées entre elles par une triple ligne de tranchées-abris; mais la droite de sa ligne de bataille, qui s'étendait au delà du village de Saint-Privat-la-Montagne, sur un plateau d'un abord facile et qu'on pouvait tourner par le Nord, n'était soutenue par aucun obstacle naturel, ni artificiel et c'était bien le cas d'y construire un ouvrage de campagne qui eût rendu la position presque inexpugnable.

A Sedan, la bataille s'engagea avant même que le maréchal de Mac-Mahon n'eût reconnu l'ensemble de la position et indiqué à ses troupes un emplacement précis. La clef était évidemment le plateau d'Illy qui se trouvait en avant du centre et qui précisément présentait l'abord le plus facile : le front de bataille sur les deux ailes était en effet protégé par des ravins assez profonds et qui rendaient moins dangereuse une attaque de l'ennemi de ce côté.

Si le maréchal eût fait relier, dans la journée et pendant la nuit du 31 août, ces deux ravins par des ouvrages de fortification passagère, les Prussiens eussent été peut-être repoussés dans leur attaque, tandis que ce fut ce point qui fût tout d'abord enlevé par eux.

III. Enfin, l'ordre de bataille n'était point basé sur la valeur relative des éléments de la position, et il y avait toujours un point faible.

Lorsque, par suite du manque de temps ou par tout autre motif, on n'a pu, par des travaux rapides, renforcer les points faibles d'une position défensive, il faut au moins que la répartition des troupes vienne compenser cette infériorité naturelle, qu'elles soient plus nombreuses sur les points les moins forts, en sorte qu'au moment du combat toutes les parties puissent présenter une égale résistance.

Ce principe ne fut point non plus observé par nos généraux : le maréchal Bazaine, dans la journée du 18 août, au lieu de porter la garde, qui formait sa réserve, en arrière de Saint-Privat, la conserva à Plappeville, derrière son aile gauche qui était le point le plus fort naturellement.

A Sedan également, la clef de la position, qui était en même temps le point le plus faible, ne fut pas occupée par plus de troupes que les autres parties de la ligne de bataille et les réserves s'en trouvaient même très-éloignées.

IV. Pendant l'action, mauvais emplacements des troupes en première ligne.

La plupart des batailles ont été surtout des combats d'artillerie. Les Prussiens, profitant habilement de l'immense supériorité de la leur comme portée, engageaient l'action à une distance énorme, de 2,000 à 3,000 mètres, et la nôtre ne pouvait y répondre dans de bonnes conditions.

Le moyen, qui se présentait tout d'abord à l'esprit, pour combattre cette fâcheuse condition, était de chercher à rapprocher dès le début les distances : les boulets ne sont pas plus dangereux de près que de loin, et nous aurions eu l'avantage de nos feux de mousqueterie, dont l'efficacité a toujours été plus grande que celle du fusil à aiguille prussien. Mais, d'un autre côté, en raison de notre infériorité numérique qui était constante, nous avions un intérêt énorme à rester, du moins comme dispositions générales, sur la défensive, et c'eût été perdre tous les avantages du terrain et marcher à une défaite complète que de prendre l'offensive au commencement du combat.

Mais on pouvait, du moins pour les troupes, éviter une grande partie des effets destructeurs de l'artillerie ennemie en mettant moins de monde en première ligne et en observant surtout de ne pas en placer derrière nos batteries. Un rideau léger de tirailleurs entre ces dernières, couchés par terre pour donner moins de prise, eût suffi pour les mettre à l'abri d'une attaque de vive force, et donné le temps de faire avancer, en cas de besoin, la première ligne qu'on aurait pu tenir à deux ou trois cents mètres en arrière.

Au lieu de cela, les troupes formaient sur deux rangs une ligne presque continue, avec des intervalles de quelques pas entre les bataillons, à vingt-cinq ou trente mètres au plus de la ligne des batteries, souvent même derrière celles-ci ; on les faisait se coucher à terre et elles restaient ainsi de longues heures, spectatrices des effets terribles de l'artillerie ennemie, chacun livré à ses propres pensées, en dehors de l'action tutélaire des chefs, songeant au moment où il faudrait marcher et affronter en face peut-être ces engins de mort. Les natures d'élite seules peuvent résister longtemps à ces effets démoralisants, conserver tout leur sang-froid et toute leur énergie pour le moment précis de l'action ; mais beaucoup se sentaient ébranlés, lorsqu'au bout de trois ou quatre heures de cette immobilité énervante, il fallait se lever pour faire un suprême effort.

Réserves peu nombreuses et trop tôt engagées.

Par suite de la quantité énorme de troupes placée en première ligne, il ne restait comme deuxième ligne et comme réserves que des forces insuffisantes : souvent même ces deux éléments n'en formaient qu'un seul, et en arrière des troupes directement engagées, il n'y avait qu'une réserve centrale, sans réserves partielles.

Les commandants des corps d'armée et des divisions n'avaient point de troupes directement sous la main pour les porter sur les points particulièrement faibles, et nous avons été témoins pendant la bataille de Sedan de la confusion qui présidait à l'établissement et à l'emploi des réserves. Celles d'un corps d'armée étaient employées à soutenir le corps voisin qui avait été lui-même dégarni des siennes, et cet enchevêtrement réciproque de divisions et de brigades appartenant à des corps différents rendait plus difficile encore l'action du commandement et faisait souvent que c'était précisément sur le point le plus menacé qu'il y avait le moins de réserves.

C'est un des principes les moins discutables de l'art de la guerre qu'en stratégie comme en tactique la victoire est à celui qui dispose des derniers bataillons.

Son observation dans cette guerre était d'autant plus importante que les Prussiens, en raison de leur supériorité numérique, cherchaient ordinairement à déborder le front de la position et à tourner une des ailes ; il était donc indispensable que nos généraux conservassent jusqu'au dernier moment des troupes fraîches et en général les meilleures, soit pour s'opposer à cette manœuvre, soit, dans le cas d'un insuccès marqué, pour protéger la retraite.

Aucune précaution de ce genre ne fut prise et nous avons vu à Freschwiller, comme à Gravelotte, que le mouvement tournant de l'ennemi ne put être arrêté par des forces suffisantes et que son succès amena, non pas la retraite, mais la déroute de nos armées.

Point de commandement ni de direction.

Le vice qui se fit le plus sentir dans notre armée, pendant l'action, fut l'absence de tout commandement et de toute direction.

Les commandants d'armée ne communiquaient pas même à leurs commandants de corps d'armée leurs projets ni le but général des opérations qu'ils allaient entreprendre. Certes, le secret des mouvements à la guerre est un élément incontestable de succès ; mais, d'un autre côté, on n'exécute bien que ce que l'on comprend, et il est indispensable que les commandants de corps d'armée soient initiés aux vues et aux combinaisons du général en chef.

Le roi de Prusse dans son Instruction militaire dit bien : « qu'un général, qui a envie de ne rien entreprendre, n'a qu'à tenir un conseil de guerre, que les voix sont ordinairement pour la négative; que le chef doit tout faire d'après ses lumières. » Mais il y a une grande différence entre demander l'avis de ses inférieurs pour prendre une résolution, et leur donner des explications sur le but à atteindre. Qui de nous ne se rappelle le mâle discours du grand Frédéric à ses généraux, le 2 novembre 1760, veille de la bataille de Torgau :

« Je vous ai assemblés, messieurs, non pas pour vous demander votre avis, mais pour vous dire que j'attaquerai demain le maréchal Daun. Je sais qu'il est dans une bonne position; mais en même temps il est dans un cul-de-sac; et si je le bats, toute son armée est prise ou noyée dans l'Elbe. Si nous sommes battus, nous y périrons tous et moi le premier. Cette guerre m'ennuie; elle doit vous ennuyer aussi; nous la finirons demain. Ziethen, je vous donne l'aile droite de mon armée : votre objet sera, en marchant droit sur Torgau, de couper la retraite des Autrichiens, quand je les aurai battus et chassés des hauteurs de Siplitz. »

Les commandants de corps d'armée ne pouvaient donc agir qu'avec hésitation, et probablement dans la crainte de contrecarrer les vues du général en chef, ils ne prirent eux-mêmes aucune initiative. Il en fut de même des généraux de division et de brigade qui, après avoir établi leurs troupes dans certaines positions, au début du combat, crurent leur tâche achevée, et restèrent simples spectateurs de l'action qui se déroulait devant eux.

Les soldats en firent tous les frais, et comme la direction ne vint point au secours de leurs efforts, ce ne fut plus qu'une affaire de nombre et ils succombèrent.

Tous nos combats ont été exclusivement défensifs.

Si nous avons approuvé sans restriction la résolution adoptée par nos généraux de se tenir, au commencement de la bataille, dans une stricte défensive, nous dirons que leur obstination à s'y maintenir pendant toutes les phases successives a été une grande faute.

Les combats d'artillerie ne sont que le prélude de l'action et à un moment donné l'ennemi est obligé de se porter en avant et de dessiner une attaque offensive. C'est alors, qu'après l'avoir ébranlé à la distance de mille à douze cents mètres par le feu de nos mitrailleuses et de notre mousqueterie, il fallait se porter en avant vigoureusement, sans se laisser toutefois entraîner au delà de la limite de protection que pouvait donner la position en arrière.

Nos soldats au contraire restèrent constamment sur place, attendant l'ennemi qui avait pour lui l'ardeur que donne toujours l'attaque et aussi la force d'impulsion : le résultat ne pouvait être douteux.

En outre, au lieu de préparer, suivant les principes élémentaires de l'art militaire, des positions successives en arrière occupées par des troupes fraîches, et derrière lesquelles ceux qui combattaient seraient venus se reformer, c'était toujours les mêmes éléments qu'on laissait en première ligne, et à la longue leurs forces trahissaient forcément leur bonne volonté et leur courage.

Notre tactique a donc été aussi déplorable que notre stratégie, et a révélé les mêmes défauts chez nos chefs : hésitation et manque de méthode dans la conception des projets, absence de direction et de commandement, violation des principes de l'art de la guerre.

CHAPITRE V.

C'EST DANS NOS INSTITUTIONS MILITAIRES QU'IL FAUT CHERCHER LES CAUSES VRAIES DE NOS DÉSASTRES.

I. MAUVAIS SYSTÈME DE RECRUTEMENT. — DÉFAUT D'ÉLASTICITÉ DES CADRES DE L'ARMÉE. — AVANTAGES D'UNE ORGANISATION PERMANENTE DE CORPS D'ARMÉE. — II. MAUVAIS SYSTÈME D'AVANCEMENT ET DE RÉCOMPENSES. — IL N'Y A DANS NOTRE ARMÉE QUE DES SPÉCIALITÉS. — QUELQUES MOTS SUR LE CORPS D'ÉTAT-MAJOR. — III. SITUATION SOCIALE, POLITIQUE ET INTELLECTUELLE DE L'ARMÉE EN FRANCE.

Nous avons étudié dans les quatre chapitres précédents les divers éléments de faiblesse que présentait notre armée soit comme organisation, soit comme commandement ; après cet examen, on est tenté d'attribuer exclusivement nos revers aux fautes qui ont été commises pendant la campagne ; elles n'en sont cependant que les *causes apparentes* et *secondaires*.

La guerre n'est en résumé que la mise en action des moyens qu'on a préparés à l'avance, et si, dans le cours des opérations, on constate un vice ou un défaut, c'est dans l'organisation de paix, dans les institutions militaires de la nation, qu'il faut en chercher la cause et le germe. Tout se tient d'ailleurs dans une armée : il est rare que l'ensemble soit défectueux si les éléments particuliers sont irréprochables, et réciproquement ; la tête de l'arbre ne peut être mauvaise si le tronc et les racines sont complétement sains.

En poussant dans cette voie ses investigations, on arrive bien vite à voir en effet : que notre infériorité numérique provenait d'un mauvais système de recrutement et du défaut d'élasticité des cadres de nos troupes régulières ;

Que le ressort moral et la discipline laissaient à désirer, parce que notre armée n'était point, à proprement parler, nationale, et ne représentait point le faisceau de toutes les forces vives du pays comme instruction ni comme valeur morale ;

Que notre système de mobilisation était défectueux, parce que nous n'avions point d'organisation permanente pour nos corps d'armée et qu'il y avait une centralisation excessive pour tous les services ;

Que nos généraux étaient inexpérimentés et au-dessous de leur mission, parce qu'en temps de paix ils ne s'étaient point familiarisés avec les fonctions de leur grade et que l'avancement était basé sur la faveur et l'intrigue, au lieu de reposer sur l'instruction et la capacité intellectuelle ;

Qu'enfin l'armée tout entière était engourdie dans l'oisiveté et la paresse, au physique comme au moral, et que, tirée brusquement de cet état de langueur, elle ne pouvait être à hauteur de ce qu'on attendait d'elle.

Nous sommes ainsi amené à examiner nos principales institutions militaires et à y chercher les *causes réelles de nos désastres*.

I. Mauvais système de recrutement.

La loi de 1832, comme toutes celles d'ailleurs qui datent de cette époque, fut essentiellement aristocratique.

Elle consacrait, il est vrai, en principe, pour tout citoyen l'obligation de porter les armes, mais en introduisant la faculté du remplacement, elle donnait aux classes riches et aisées le moyen de s'en affranchir, et en réalité le service militaire ne pesait que sur la partie la plus pauvre, la moins instruite, souvent aussi la plus chétive de la population.

Pour rendre le remplacement plus facile, peut-être aussi pour jeter moins de trouble dans les familles, on augmenta la durée du service actif qui fut de sept ans, et on restreignit le chiffre du contingent à 80 mille hommes.

La guerre de Crimée, qui commença l'ère des grandes guerres actuelles, fit sentir la nécessité d'augmenter les ressources du recrutement, en même temps qu'on cherchait à améliorer les éléments de l'armée en retenant sous les drapeaux les anciens soldats : de là la loi des rengagements avec prime et celle de l'exonération substituée au remplacement. Les ressources financières ne permettant pas de conserver dans l'armée pendant le temps fixé tous les soldats provenant de la conscription, on forma une réserve de guerre avec les hommes qui avaient servi pendant trois ou quatre ans et qui par suite étaient complétement instruits.

Après la guerre d'Italie, on renonça à ce système qui avait présenté de nombreux inconvénients lors du rappel à l'activité des hommes en congé renouvelable; on augmenta encore le chiffre du contingent qui fut porté à 140 mille hommes, et on le partagea en deux portions inégales : la première, la plus forte, était astreinte à sept ans de service actif, qui dans la pratique se réduisaient ordinairement à cinq; la seconde recevait dans des dépôts départementaux, quelques mois seulement d'instruction, et n'était appelée à l'activité ordinairement qu'en temps de guerre.

Mais on s'aperçut bientôt des résultats fâcheux créés dans l'armée par la caisse de la dotation : l'état de soldat était devenu un métier, et beaucoup, parmi les plus vieux, étaient hors d'état de supporter les fatigues de la guerre; il n'y avait plus d'avancement possible pour le grade de sous-officier; enfin, en conservant ainsi pendant vingt-cinq ans les mêmes éléments dans l'armée active, on était dans l'impossibilité de répandre sur un grand nombre d'individus l'instruction militaire, et on se privait ainsi volontairement de ressources précieuses au moment du besoin.

La guerre de 1866, dans laquelle la Prusse avait mis plus de 400 mille hommes en campagne, imposa au gouvernement de l'Empereur une réorganisation de nos forces. Mais cette fois encore, on ne prit que des demi-mesures : on supprima l'exonération, mais on rétablit le remplacement; on astreignit tous les jeunes gens d'un même contingent, sauf des catégories assez restreintes, au service militaire, mais on créa deux classes bien distinctes. L'armée active, où entraient ceux qui ne pouvaient se faire remplacer, comportait un service de neuf ans, dont cinq actifs et quatre dans la réserve; à elle étaient réservés l'honneur et le péril de porter la guerre en dehors de nos frontières et d'en supporter les privations et les fatigues. La garde nationale mobile au contraire comprenait ceux qu'une vocation particulière ne poussait point vers le métier des armes et qui étaient assez riches pour charger un autre de remplir pour eux ce premier devoir du citoyen : on devait l'instruire chez elle et, en cas de guerre, ne l'employer qu'à l'intérieur du territoire, et même uniquement dans les places fortes.

Cette loi, du 1er février 1868, violait donc encore les principes de l'égalité des citoyens devant les charges qui leur sont imposées par l'État ; au point de vue militaire, elle avait l'immense inconvénient de fractionner en deux parties, complétement distinctes, les forces de la France, et créait un obstacle énorme dans l'emploi de cette réserve, dite garde nationale mobile. Les premiers événements de cette guerre sont venus prouver que toutes les classifications possibles deviennent spécieuses au moment du danger et que, là comme ailleurs, nécessité fait loi.

La seule loi militaire possible de nos jours est d'astreindre tous les citoyens d'un État au service militaire, de les utiliser suivant leur aptitude physique et leur instruction morale, sans aucune limite de durée. Le temps de l'instruction seul doit être fixé à l'avance et réduit autant que possible. Le pays, en cas de guerre, appelle au service ses enfants, en raison des besoins, et la seule garantie qu'il puisse donner à la liberté individuelle, est de s'astreindre à ne prendre dans les anciennes classes qu'après épuisement complet des classes plus jeunes. C'est pour cela aussi que l'armée ne doit se composer que de deux éléments : l'armée active qui instruit les citoyens, la réserve qui comprend tous ceux qui ont déjà reçu l'instruction militaire, en tant qu'ils restent aptes au service.

Notre système de recrutement était donc vicieux à un double point de vue : il ne donnait, en cas de guerre, qu'une partie restreinte de nos ressources disponibles de recrutement; les éléments individuels appartenaient à la classe la moins élevée et la moins instruite de la population. Notre armée n'était donc point, à vrai dire, une armée nationale, et l'on voit de suite quelle différence immense il devait y avoir, sous le rapport moral et intellectuel, entre elle et l'armée prussienne, qui représente le faisceau de toutes les forces vives de la nation.

La guerre n'est plus une chose de routine qui puisse s'apprendre par mémoire : elle exige chez les chefs comme chez le soldat de l'instruction et de l'intelligence, et la valeur morale d'une armée, peut compenser bien d'autres causes d'infériorité.

N'est-il pas curieux de constater que c'est dans une armée aristocratique, comme celle de la Prusse, que sont représentés et juxtaposés tous les éléments de la société, tandis que dans la nôtre, qu'on appelle démocratique, il n'y a qu'un élément, le moins cultivé et le moins instruit? Cela ne tend-il pas à prouver que pour beaucoup de choses, nous nous payons de mots, et qu'en fait d'institutions, souvent la forme domine le fond.

Défaut d'élasticité des cadres de l'armée régulière.

L'armée régulière doit pouvoir, au moment du besoin, recevoir et encadrer toutes les réserves et renforts que le pays peut fournir. On complète d'abord, au chiffre fixé pour le pied de guerre, l'effectif des diverses unités tactiques, mais ce moyen est insuffisant, et dans toutes les armées bien organisées, il faut avoir recours à de nouvelles formations dont les cadres existent déjà en temps de paix, ou bien sont tirés, suivant des besoins prévus, de l'armée permanente elle-même.

La Prusse nous offre sous ce rapport un système parfait, à la fois économique en temps de paix, rapide et très-élastique en temps de guerre. Les cadres de l'armée régulière comportent des effectifs considérables, bien supérieurs aux nôtres, quoique comptant un tiers d'officiers en moins : les bataillons d'infanterie, à quatre compagnies, ont en guerre 1,000 combattants, tandis que les nôtres, qui ont six compagnies, n'en reçoivent en moyenne que de 7 à 800. Il en est de même pour les autres armes.

A côté de cette organisation de l'armée permanente, fonctionne la landwehr, qui peut encadrer un effectif égal à celui des deux tiers de l'armée de ligne.

Enfin, chaque régiment d'infanterie, de cavalerie et d'artillerie, chaque bataillon de train et de pionniers, forme, au moment de la mobilisation, un bataillon, escadron, batterie ou compagnie de remplacement, destiné à combler les vides en hommes, chevaux et matériel qui peuvent se produire dans les troupes mobiles. Chaque régiment d'infanterie fournit, en outre, les cadres d'un bataillon de garnison, dont les hommes sont pris dans la landwehr; ces bataillons sont destinés à former, à l'intérieur comme à l'extérieur du territoire, la garnison des places fortes et des points occupés.

C'est ainsi que la Confédération du Nord, avec une armée régulière dont les cadres étaient à peu près les mêmes que les nôtres, est arrivée, grâce à l'élasticité de son organisation, à encadrer plus d'un million d'hommes, tandis que nous avons pu atteindre à peine le chiffre de quatre cent mille.

La seule formation nouvelle dans notre armée, et qui encore n'était pas prévue, ni ordonnée au moment où les hostilités commencèrent, fut la création de deux compagnies de dépôt par régiment d'infanterie.

Avantages d'une organisation permanente de corps d'armée.

Depuis longtemps, en France, l'opinion dans l'armée, réclamait pour nos forces une organisation permanente de corps d'armée; mais là encore, la raison politique devait l'emporter sur les avantages qui en résultaient au point de vue militaire. On ne voyait dans ce système que des inconvénients : il entretient, disait-on, l'esprit particulier de chaque province et nuit à l'unité politique; l'armée, dans le cas de dissensions intestines, peut faire cause commune avec le peuple; si un régiment est détruit à la guerre, ce sont précisément ceux qui viennent de perdre leurs enfants qui doivent fournir de nouvelles levées.

Tous ces arguments sont sans valeur : les exigences du service des grandes villes et des places fortes, font que les régiments ne sont point complétement stationnaires; en outre, on peut leur faire exécuter des changements de garnison à l'intérieur même des circonscriptions des corps d'armée; l'esprit de province est, d'ailleurs, un stimulant pour bien faire : chaque soldat voit dans son drapeau l'image, non-seulement de sa patrie, mais encore de son foyer absent, et en combattant pour l'honneur de son régiment, il travaille pour le sien propre. Quant aux dissensions politiques, on ne peut empêcher l'armée de faire cause commune avec le peuple qu'en en faisant une caste à part dans la nation, et alors, le remède est pis que le mal. Enfin, quand un régiment a subi à la guerre des pertes exceptionnelles, il est facile de lui faire envoyer des renforts par les districts qui ont moins souffert, et de rétablir ainsi l'équilibre entre les diverses provinces.

Les avantages de cette organisation sont immenses et se traduisent, pour ainsi dire, dans tous les actes de l'administration et du commandement, où elle apporte à la fois la simplicité et la rapidité d'exécution. Les effets précieux de la décentralisation se font partout sentir : chacun porte un intérêt direct à tout ce qui est sous ses ordres, et comme il connaît de longue main les éléments qui sont à sa disposition, il peut plus facilement les employer suivant leurs aptitudes et leurs moyens ; nous avons eu déjà l'occasion de signaler les avantages de ce système au moment d'une mobilisation.

Pendant la durée de la guerre, ils ne sont pas moins grands : chaque dépôt de régiment de ligne ou de landwehr fonctionne pour son propre compte, prépare et confectionne les effets de toute nature pour l'habillement et l'équipement des hommes qu'il reçoit ; il demande aux manufactures les armes qui lui sont nécessaires ; les renforts sont habillés, armés, instruits s'il est besoin, puis dirigés sur les troupes mobiles sans qu'aucune autorité supérieure ait à intervenir.

Nous avons été aussi frappé de la bonne humeur et de l'entrain de ces réserves qu'on arrachait violemment à leurs occupations et à leur vie habituelles pour les pousser sur le champ de bataille ; c'est que ces hommes retournaient dans un corps qui leur était connu, où ils avaient laissé des camarades, où ils retrouveraient des habitants du même village, des parents peut-être ; ils ne seraient point perdus au milieu de cette foule immense qui constitue une armée ; leurs familles, de leur côté, savent où ils sont, elles suivent la marche du régiment, elles se communiquent les nouvelles qu'elles reçoivent et se rassurent réciproquement ; après chaque affaire enfin le régiment envoie dans les districts correspondants la liste des tués, blessés et disparus, et chacun est ainsi fixé sur le sort des siens.

Cette communauté d'origine, ces liens de parenté, d'affection ou de simples relations entre les soldats d'un même corps exercent également une influence très-favorable sur la discipline : chacun d'eux est là sous l'œil de ceux avec lesquels il est appelé à vivre plus tard ; s'il n'est pas brave, s'il ne remplit pas consciencieusement son devoir, il sera déshonoré, non pas seulement pour ses camarades du régiment, mais aussi aux yeux de ses concitoyens et de sa propre famille.

Au point de vue de l'instruction générale de l'armée, les bienfaits d'une pareille organisation ne sont pas moindres : les généraux, les états-majors et les services administratifs apprennent dans la pratique les devoirs de leurs fonctions ; les imperfections de l'ensemble se révèlent et sont peu à peu réparées, de sorte que l'harmonie s'introduit même dans les détails. Les manœuvres que les corps d'armée exécutent annuellement en pleine campagne permettent aux chefs de se faire une idée des besoins qu'ont les troupes en temps de guerre et des difficultés d'y satisfaire ; elles les familiarisent avec l'étude du terrain, le maniement des troupes, l'emploi combiné des différentes armes et sont en un mot une véritable école de guerre.

II. Mauvais système d'avancement et de récompenses.

Il est incontestable que le système d'avancement mis en pratique dans notre armée n'ait constamment tendu à y abaisser le niveau moral et intellectuel et à y détruire le goût du travail.

Les résultats qu'il a produits sont de plus en plus choquants à mesure que les grades s'élèvent, et la vérité nous a forcé de constater que dans cette campagne un grand nombre de nos généraux n'étaient pas à la hauteur de leurs fonctions.

Le principe généralement admis, surtout pour les hauts grades, était que les campagnes seules donnaient des droits, en même temps que l'ancienneté, à l'avancement ; le mérite personnel qui ne s'appuyait pas sur des services de guerre n'était point considéré comme un titre suffisant. Ce principe est vicieux en lui-même, car pour beaucoup de gens l'expérience n'est pas en raison des services et des années ; elle dépend bien plutôt de la nature de l'esprit, de sa facilité d'investigation et d'assimilation que du temps pendant lequel l'observation a pu se faire. En outre la guerre ne demande pas que de l'expérience, elle exige des connaissances précises, étendues et qu'on n'apprend point ordinairement au milieu du tumulte des camps. Lorsque l'expérience s'ajoute à la science, c'est l'idéal, mais le principal ne doit point être sacrifié à l'accessoire.

Quels ont été les résultats pratiques de ce mode de distribution de l'avancement? Les jeunes officiers cherchaient avant tout à faire campagne, puisque de là dépendait leur avenir : l'Afrique s'offrait à eux, et c'était déjà une faveur que d'y aller. Loin de nous de médire de ce beau pays et des services immenses qu'il a rendus à notre armée, bien qu'ils aient profité beaucoup plus aux soldats et aux officiers subalternes qu'à nos généraux.

Si un de ces officiers, arrivé au grade de capitaine, était assez heureux pour pouvoir se faire distinguer dans une action, s'il recevait une blessure grave, il était nommé commandant, souvent dans des conditions d'âge exceptionnelles. Sa carrière dès lors était assurée, et il n'avait plus qu'à attendre patiemment tous les grades successifs jusqu'aux plus élevés. Un seul jour avait décidé de tout un avenir. La vie au grand air et errante de l'Afrique, les fatigues et les privations de la guerre avaient fait perdre à beaucoup le goût du travail; la nature même de leur esprit pouvait ne pas s'y prêter; ils arrivaient ainsi, et pour ainsi dire par la force des choses, généraux de brigade et de division, ayant perdu peu à peu la vigueur et l'énergie de leurs jeunes années, sans avoir acquis par le travail les connaissances qui pouvaient alors leur faire défaut.

La justification de l'avancement par les campagnes était d'ailleurs une porte ouverte à la faveur et dont le gouvernement de l'empereur n'a pas manqué de se servir. Voulait-on faire arriver rapidement un courtisan, un favori, sans soulever la conscience publique, on l'envoyait faire une courte campagne, on lui conférait un grade et ainsi de suite jusqu'à ce que son ambition fût satisfaite.

L'avancement dans les états-majors était donné d'une façon plus déplorable encore : là, on n'était pas récompensé en raison de sa valeur ou de ses services personnels, mais bien d'après le degré d'influence du général près duquel on servait; il fallait, pour trouver grâce devant le comité des maréchaux, être attaché à leur personne ou en être connu; c'était uniquement affaire d'intrigue et de relations.

L'avancement dans les régiments dépendait de l'arbitraire du colonel qui le répartissait suivant ses vues personnelles, car le contrôle des inspecteurs généraux était illusoire. Les considérations les plus étranges avaient une influence dans ces propositions : la position de famille, la fortune, les relations, la prestance physique, tout, excepté l'instruction et les connaissances acquises.

Disons d'ailleurs que notre principe d'avancement concurremment au choix et à l'ancienneté est absurde ; car, si on considère comme utile de s'assurer pour certains grades de l'aptitude et de la capacité des candidats, il ne faut point les donner à l'ancienneté; si cette mesure est inutile, il n'y a point lieu d'établir des choix.

Le choix est particulièrement choquant pour le grade de lieutenant : ce sont identiquement les mêmes fonctions que celles de sous-lieutenant, et ces deux grades devraient être considérés comme un stage pour celui de capitaine. Par contre, les fonctions et le grade de chef de bataillon doivent être donnés uniquement au choix. Quelle satisfaction d'ailleurs peut éprouver celui qui ne parvient à cette position qu'après avoir subi le choix de camarades plus jeunes, et uniquement parce que la loi ne permet pas de faire autrement.

Notre loi sur l'avancement, en voulant donner satisfaction à notre esprit démocratique et en consacrant les droits de l'ancienneté pour arriver officier supérieur, n'a fait que protéger l'ignorance contre l'instruction, la paresse contre le travail.

La loi prussienne est bien plus intelligente : après avoir établi comme principe que l'instruction seule en temps de paix donne des droits pour devenir officier, elle exige des candidats des connaissances solides et suffisamment étendues, et ensuite l'avancement aux grades successifs a lieu à l'ancienneté jusqu'à capitaine inclusivement.

Il n'y a qu'un nombre très-restreint de vacances de lieutenants et de capitaines qui soient données au choix : ce sont celles qui se produisent par suite de suicide, mort en duel, désertion, cassation ou pensions anticipées, et qui sont à la disposition du roi. Elles servent à récompenser les officiers qui ont fait preuve d'une instruction et d'une capacité remarquables ; encore, pour ne point violer le principe de l'ancienneté dans chaque régiment, est-on obligé de les placer préalablement dans le service de l'adjudantur ou de l'état-major, et avec leur nouveau grade ils changent de corps.

Pour les grades supérieurs, la même loi a su merveilleusement allier les conditions d'ancienneté et d'aptitude, tout en empêchant qu'un officier ne voie son prestige moral diminué aux yeux de sa troupe par la nomination à un grade plus élevé d'un de ses camarades moins ancien que lui.

Il faut, pour être nommé major, avoir été reconnu capable d'en remplir les fonctions ; mais si l'officier que son ancienneté appellerait à ce grade n'a point une aptitude suffisante et qu'on soit obligé de nommer un capitaine plus jeune, il est forcé de se retirer du service. Il est mis à la retraite si ses services lui y donnent droit, sinon il reste à disposition, avec une pension proportionnelle à ses services. Il n'est fait d'exception à cette règle que pour les capitaines qui n'ont plus que quelques mois à faire avant d'arriver à leur retraite et qu'on maintient en activité jusqu'à cette limite, mais ils sont envoyés en congé.

Les mêmes principes sont suivis également pour le grade de lieutenant-colonel : les majors qu'on ne juge point capables de commander un régiment doivent prendre leur retraite ou accepter un service spécial dans les places ou dans les districts de landwehr.

En outre, d'après l'ordre du cabinet du roi du 8 mai 1849, ne peuvent être nommés aux grades de général-lieutenant, général-major et colonel, que les généraux-majors, colonels et lieutenants-colonels qui sont à la tête d'une division, brigade ou régiment. Cette disposition est excellente et permet de ne conférer des grades aussi importants qu'après avoir vérifié dans la pratique la valeur des candidats.

Cet ordre ajoute : « L'armée doit reconnaître dans ces dispositions une preuve du soin vigilant du chef de l'armée pour l'entretien de sa gloire et de sa solidité, en même temps qu'il est indispensable qu'il n'arrive aux plus hauts grades militaires que des officiers réunissant des capacités supérieures, une instruction solide avec les vertus de caractère correspondantes et une vigueur physique suffisante.

» L'ardeur si honorable du corps d'officiers à chercher par tous les moyens possibles à augmenter l'honneur de l'armée comme son patrimoine propre, me garantit que les officiers, dont l'avancement à des positions plus élevées ne peut avoir lieu, n'en persévèreront pas moins à remplir leurs fonctions avec un zèle qui ne faiblira pas et une fidélité au devoir invariable. Ils peuvent être d'ailleurs convaincus que je ne tiendrai pas moins en honneur leurs services que ceux des officiers arrivés à des grades plus élevés, et que je saurai les reconnaître par tous les moyens possibles. »

Certaines personnes ont attribué la faiblesse de nos généraux à leur trop grand âge, et ont pensé que le rajeunissement des chefs de notre armée lui donnerait un nouvel élément de force et d'action. C'est une erreur. L'expérience n'est pas, comme nous le disions plus haut, en raison directe des années et des services, mais en général elle croît avec eux : à capacité égale comme intelligence, le chef le plus ancien sera probablement le meilleur. D'ailleurs, en raison de l'habitude qui s'est introduite dans notre armée et qui maintenant a presque force de loi, de ne mettre à la retraite les officiers qu'à une limite déterminée, les jeunes généraux d'aujourd'hui seraient vieux dans quelques années, et ce serait un cercle vicieux.

Nous voyons du reste qu'en Prusse les généraux sont âgés, et même plus en moyenne que dans l'armée française; ils ont cependant conservé toute leur vigueur physique, toute leur énergie morale.

Cela vient de ce que chez eux les officiers de tout grade n'ont de garantie de conserver leurs fonctions que l'aptitude et le zèle qu'ils apportent à les remplir; ils n'ont point devant eux un temps déterminé pour jouir de leur grade et leur permettre de vivre sur le passé ; par contre, tant que leurs forces physiques le leur permettent, ils continuent de servir et l'armée n'est point privée à jour fixe de l'expérience et des lumières de chefs qui ne sauraient être avantageusement remplacés.

Il faut donc abroger pour tous les grades la limite d'âge, renvoyer ceux qui n'ont plus l'aptitude suffisante et conserver le plus longtemps possible ceux dont l'instruction et l'expérience sont une garantie de force pour l'armée.

Mais il faut pour cela qu'il y ait une vigoureuse impulsion donnée par en haut et que la plus sévère et la plus constante surveillance soit exercée par chaque chef sur tous ceux qui sont sous ses ordres, qu'on n'hésite pas, par une fausse paternité, à frapper les incapables, ni à récompenser ceux qui sont méritants. Jusqu'ici, au contraire, l'impulsion est venue uniquement d'en bas, et le seul mobile a été l'ambition des individus qui souvent n'ont pas été scrupuleux dans le choix des moyens.

Disons enfin, pour en finir au sujet des règles de l'avancement, que l'obtention du grade d'officier présentait trop peu de garanties pour ceux qui ne pouvaient arriver aux écoles et qui débutaient dans la carrière comme simples soldats. Tout dépendait du caprice des chefs; l'instruction ne créait aucun droit et attirait plus souvent des vexations que des adoucissements dans le service; aussi, le nombre des engagements volontaires parmi les jeunes gens instruits avait-il considérablement diminué. Ceux que leur vocation poussait à se faire soldat et qui, vu le nombre restreint des places, ne pouvaient entrer dans les Écoles militaires, étaient réduits à embrasser une autre carrière, et l'armée se trouvait ainsi privée de précieux éléments.

Constatons également qu'en Prusse on est tombé dans l'excès contraire et qu'on tient trop de compte de l'instruction, aux dépens souvent de l'aptitude et de la vocation militaire : les jeunes officiers sont peu initiés à leurs fonctions, mais ils se forment bien vite, grâce à la discipline sévère qui règne dans l'armée.

Quant aux récompenses, le général Trochu, dans son ouvrage intitulé : *L'armée française en* 1867, a démontré les inconvénients qu'il y a à faire des récompenses honorifiques le complément et, pour ainsi dire, l'appendice des grades ; on leur enlève tout prestige, et on se prive en outre du moyen de récompenser ceux dont l'instruction ou l'intelligence est insuffisante pour obtenir des fonctions plus élevées. La croix de la Légion d'honneur ne devrait point être non plus donnée pour ancienneté de services : elle serait destinée à récompenser particulièrement les faits de guerre et les actions d'éclat.

Il n'y a dans notre armée que des spécialités.

La faiblesse déplorable qui s'est révélée pendant cette campagne, dans la stratégie et la tactique de nos généraux, ne provient pas uniquement du système vicieux qu'on appliquait pour donner l'avancement dans les hauts grades ; il tient encore et surtout à ce que dans notre armée on n'a su créer que des *spécialités*. On y trouve, en effet, quelques bons officiers d'infanterie, quelques bons officiers de cavalerie, quelques officiers distingués dans les armes spéciales de l'artillerie et du génie ; mais ceux-là même limitent leurs études et leurs recherches au cercle d'action de leur arme respective, et négligent d'acquérir des connaissances générales dans le service des autres armes et dans les services administratifs.

Nous avons vu des officiers généraux d'armes spéciales qui s'étaient acquis dans l'artillerie et dans le génie une haute réputation de capacité et d'intelligence, « mais qui n'avaient point été suffisamment formés au maniement des armes combinées, éprouver beaucoup de peine dans leur mise en jeu sur un grand théâtre de guerre (1). »

(1) Brochure du général Deligny. — (*L'armée de Metz*.)

Comment en serait-il autrement? Les officiers restent dans leurs régiments jusqu'au grade de colonel inclusivement, et, comme général, il est déjà plus difficile de s'assimiler, du moins pratiquement, les connaissances tactiques et le maniement des autres armes, qu'étant plus jeune, alors que le grade permet un contact plus immédiat avec les troupes. Mais la même routine et le même esprit, qui empêchent les officiers subalternes et supérieurs de s'occuper de la tactique des autres armes, exercent leur fatale influence même sur le grade de général, et on a soin d'y entretenir également des spécialités. Tous les cavaliers se soulèveraient si on confiait le commandement d'une brigade de cavalerie à un officier sortant de l'infanterie, et réciproquement; beaucoup des généraux des armes spéciales regarderaient comme au-dessous d'eux de prendre le commandement de brigades ou de divisions actives. Ce n'est cependant qu'ainsi qu'ils acquerraient des notions générales, qu'ils se mettraient réellement à hauteur de leurs fonctions et qu'ils pourraient aider au progrès. « C'est pour cela que vous vous appelez généraux, écrit le roi de Prusse, parce que si vous considérez une chose pour bonne, vous pouvez l'appliquer, car le chef ne peut être présent partout. La bravoure seule ne sert à rien à un général : si elle est nécessaire en elle-même, elle doit cependant être accompagnée de connaissances; la tête et le jugement doivent partout la diriger. L'officier doit s'instruire sans cesse, car les fautes qu'il commet par ignorance le conduisent au déshonneur. »

Quelques mots sur le corps d'état-major.

Il n'y avait dans notre armée que les officiers du corps d'état-major, qui participassent aux bienfaits de cette instruction générale par un stage régimentaire dans les trois armes, et qui apprissent dans le service des brigades et divisions le fonctionnement des divers services administratifs de l'armée ; un grand nombre d'entre eux dans cette campagne, surtout lorsqu'ils ont eu des commandements indépendants, ont pu affirmer leurs connaissances générales. Malheureusement, la plupart des officiers d'état-major vivent trop en dehors du contact des troupes et finissent par perdre leurs aptitudes militaires et par devenir ignorants des besoins des armées ; en sorte qu'après de longues années d'une vie sédentaire et de bureau, s'ils sont rejetés brusquement au milieu de la vie des camps, beaucoup sont désorientés et font en vain appel à leurs connaissances, à leurs aptitudes et à leurs goûts d'autrefois.

D'un autre côté, l'avancement dans les grades supérieurs était tellement lent, il était tellement difficile, même par le travail, d'arriver dans des conditions favorables, que beaucoup préféraient se créer une vie facile que de poursuivre, au prix de mille peines, un avenir toujours incertain.

Le moyen de remédier à ces inconvénients est de replacer dans les corps de troupe, les officiers qui auraient rempli, pendant un certain temps, les fonctions d'état-major : ils y apporteraient de nouveaux éléments d'instruction et de connaissances, et permettraient à d'autres de participer aux mêmes avantages.

Il est évidemment blâmable de donner à un jeune homme de vingt ans la consécration d'officier d'état-major pour le restant de sa carrière : certains promettent à cet âge et ne tiennent pas, d'autres ont l'esprit plus lent mais plus sûr et ne sont mûrs que plus tard. Pourquoi se priver de ceux-ci et conserver ceux-là?

Les places d'officiers d'état-major devraient donc être données au concours : un avancement rapide leur serait assuré et après chaque nouveau grade ils seraient replacés dans un corps de troupes ; les généraux seraient pris de préférence parmi les colonels ayant rempli les fonctions d'état-major.

III. Situation sociale, politique et intellectuelle de l'armée en France.

L'armée, jusqu'à ce jour, n'a été en France qu'une caste dans la nation. Vivant pour ainsi dire à part et sans contact avec le reste de la population, changeant périodiquement de garnison, elle n'a dans le pays d'autres racines que celles de la famille, avec laquelle même ses relations deviennent de plus en plus restreintes, et au bout de quelques années de service, l'officier comme le soldat arrive à avoir pour foyer un drapeau, pour famille un régiment. Cette transformation, si prônée à une époque qui heureusement a fait son temps, a eu pour l'armée elle-même les plus fatales conséquences. Tous les gouvernements ont cherché à maintenir et à développer en France cet isolement de l'armée vis-à-vis de la nation, sachant bien que c'était pour eux l'élément capital d'une facile domination sur elle. L'empire avait particulièrement gagné, je ne dirai pas le dévouement, mais l'attachement égoïste de l'armée, en améliorant le bien-être matériel des officiers, en rendant moins lourdes les exigences du service, en donnant enfin à ceux qui se payaient de choses extérieures le spectacle d'une fantasmagorie militaire brillante mais vermoulue au sommet comme à la base. Il considérait l'armement de la nation comme un danger dynastique, et il voyait dans l'augmentation successive de l'armée permanente le moyen d'empêcher le citoyen de remplir le plus sacré de ses devoirs, celui de défendre sa patrie en danger.

Sans pousser l'exagération jusqu'à dire que l'armée était en France un moyen permanent de compression entre les mains du gouvernement, on ne peut nier non plus qu'elle n'ait servi souvent d'une manière aveugle les projets ambitieux du pouvoir et prêté son action pour la violation des lois du pays.

Cette absence de conscience politique dans l'armée tient à son mode de recrutement, à son genre de vie qui ne lui permet pas toujours de se rendre un compte exact de la situation et des intérêts de la nation, aux conditions spéciales enfin de la discipline qui font que le concours ou la défection politique d'un chef entraîne souvent avec lui tous les éléments qui sont placés sous ses ordres. Ce danger ne serait point à craindre si l'armée était véritablement la représentation du pays.

L'avancement était donné, non pour récompenser le mérite qui eût été indépendant, mais pour avoir des créatures, et les chefs eux-mêmes avaient une influence destructive sur les sentiments de nationalité qui sont la base nécessaire d'une armée : on parlait sans cesse aux soldats de dévouement à l'empereur, on ne leur parlait jamais de dévouement à la patrie.

L'armée, condamnée à une vie errante et par suite oisive, donnait un triste spectacle au reste de la nation et perdait peu à peu tout prestige à ses yeux. On se demandait avec inquiétude si ces officiers qu'on voyait constamment au café et sur les promenades publiques pouvaient acquérir en même temps les connaissances qui leur sont nécessaires, et si, au jour du danger, ils seraient à hauteur de leurs fonctions ; on se demandait si le résultat obtenu correspondait aux sacrifices que s'imposait le pays. L'armée elle-même contribuait donc à affaiblir en France l'esprit militaire que des vices sociaux plus puissants sapaient déjà depuis longues années. Le développement immense que prirent au commencement de ce siècle l'industrie et les opérations financières, déplaça brusquement la fortune et la mit aux mains d'individus souvent grossiers qui ne s'en servirent qu'au gré de leurs passions et de leurs vices. Le luxe et la corruption pénétrèrent peu à peu dans toutes les classes de la société et les honnêtes gens eux-mêmes eurent peur de la médiocrité : l'argent devint le dieu du jour; la naissance, l'instruction, les services ne furent plus des titres suffisants à la considération publique ; il fallait avant tout de l'argent et l'ambition de chacun ne tendit plus qu'à en avoir assez pour satisfaire ses désirs bons ou mauvais.

« Lorsque l'esprit militaire abandonne un peuple, dit Tocqueville, la carrière militaire cesse aussitôt d'être honorée, et les hommes de guerre tombent au dernier rang des fonctionnaires publics. On les estime peu et on ne les comprend plus. Il arrive alors le contraire de ce qui se voit dans les siècles aristocratiques. Ce ne sont plus les principaux citoyens qui entrent dans l'armée, mais les moindres. On ne se livre à l'ambition militaire que quand nulle autre n'est permise. Ceci forme un cercle vicieux d'où l'on a peine à sortir. L'élite de la nation évite la carrière militaire, parce que cette carrière n'est pas honorée ; et elle n'est point honorée, parce que l'élite de la nation n'y entre plus.

» Cette défaveur publique est un poids très-lourd qui pèse sur l'esprit de l'armée. Les âmes en sont comme pliées ; et, quand enfin la guerre arrive, elles ne sauraient reprendre en un moment leur élasticité et leur vigueur. »

Espérons que les tristes événements, auxquels nous venons d'assister, feront enfin comprendre que le développement des intérêts matériels n'assure point la grandeur d'une nation, que les idées morales seules peuvent au moment du danger la sauver du naufrage, et qu'entre toutes la carrière militaire, entièrement de dévouement et d'abnégation, mérite dans un État la considération et le respect des citoyens.

« Je ne veux point médire de la guerre, ajoute le même écrivain ; la guerre agrandit presque toujours la pensée d'un peuple et lui élève le cœur. Il y a des cas où seule elle peut arrêter le développement excessif de certains penchants que fait naturellement naître l'égalité, et où il faut la considérer comme nécessaire à certaines maladies invétérées auxquelles les sociétés démocratiques sont sujettes. »

L'armée en France n'atteindra jamais aux yeux du peuple le prestige et la considération dont elle jouit en Prusse, où les officiers appartiennent en grand nombre à l'aristocratie du pays, et occupent, indépendamment de leur grade dans l'armée, un rang élevé dans la société.

Nos mœurs démocratiques s'opposent à ce que nous fassions de la naissance et de la fortune des conditions nécessaires pour devenir officier : le seul moyen qui nous reste pour relever le niveau moral de l'armée et lui permettre de reconquérir la considération à laquelle elle a droit, est d'augmenter son degré d'instruction et de connaissances en se montrant plus sévère, sous ce rapport, dans le choix des officiers, et en répartissant d'une manière plus logique l'avancement et les récompenses.

Il faut enfin rendre la vie de ces derniers plus sédentaire, ce qui leur permettra des habitudes plus laborieuses, et constituer les corps d'officiers de chaque régiment comme gardiens de leur propre honneur en soumettant à leur acceptation les candidats au grade d'officier et en leur donnant les pouvoirs disciplinaires nécessaires pour réprimer les fautes ou les abus.

QUATRIÈME PARTIE.

Les réformes dans l'armée. — Projet de réorganisation.

CHAPITRE VI.

PRINCIPES GÉNÉRAUX. — DIVERS ÉLÉMENTS DU SYSTÈME MILITAIRE PROPOSÉ.

I. OBLIGATION DE SERVIR. L'ARMÉE EST LA NATION EN ARMES ET COMPREND TROIS ÉLÉMENTS : L'ARMÉE PERMANENTE AVEC UNE RÉSERVE, LA LANDWEHR ET LE LANDSTURM. — II. ENSEMBLE DES PRINCIPES D'ORGANISATION DE L'ARMÉE. — ORGANISATION PERMANENTE DES CORPS D'ARMÉE. — ÉTAT-MAJOR GÉNÉRAL. — CORPS D'ÉTAT-MAJOR. — ORGANISATION TACTIQUE DES CORPS DE TROUPES. — III. ORGANISATION DES SERVICES ADMINISTRATIFS.

On a dit avec raison qu'en fait d'institutions, la stabilité était déjà un progrès : il ne faut donc y toucher que si la nécessité du remaniement est clairement démontrée, et ne le faire qu'en pleine connaissance de cause. La fantaisie est plus dangereuse encore que la routine, et entre toutes les combinaisons qui se présentent à l'imagination, on doit choisir de préférence celles qui ont déjà reçu la sanction de l'expérience. Il faut se prémunir également contre ce faux amour-propre qui porte à rejeter ce qui n'a pas été créé par le génie national : il faut prendre le bien partout où il se trouve.

Nous avons mis à profit nos loisirs de prisonnier pour étudier le système militaire de la Prusse, à la fois dans les règlements et dans la pratique. Plus on pénètre dans les détails, et plus on est en admiration devant la simplicité des moyens et la grandeur du résultat obtenu : tout y est prévu, tout s'y meut dans l'ordre et l'harmonie, et dénote une connaissance profonde du but à atteindre et des besoins à satisfaire.

C'est de cette organisation, qui vient de faire si brillamment encore ses preuves, que nous nous sommes inspiré, pour chercher à esquisser les réformes qu'il y a lieu d'introduire dans notre armée : nous avons rejeté ce qui ne se pliait pas à notre caractère national, à notre état politique et social, nous avons modifié certaines choses comme application, mais les grands principes en ont été respectés.

L'étude qui va suivre n'a point la prétention d'être un code complet des améliorations nécessaires ; elle a simplement pour but d'attirer sur cette question l'attention de ceux qui aiment véritablement l'armée, qui la veulent forte, énergique, instruite et morale, représentant, en un mot, fidèlement la nation, qui, malgré des malheurs passagers, n'en restera pas moins grande aux yeux de l'univers.

Principes généraux. La guerre étant de nos jours un

duel à mort entre deux nations, chacune d'elles doit pouvoir mettre sur pied toutes ses forces disponibles, et cela du premier coup, au début même des hostilités.

L'armée doit donc être la nation en armes (1) : elle dispose des citoyens suivant les besoins de la guerre, et la seule garantie donnée à la liberté individuelle est que les classes anciennes ne peuvent être rappelées qu'après l'épuisement complet des classes plus jeunes.

L'État doit restreindre le plus possible les cas d'exemptions ou d'incapacité, de manière à pouvoir utiliser tous les éléments suivant leurs aptitudes physiques et morales, et on peut dire encore que *l'armée doit être la réunion de toutes les forces intellectuelles du pays.*

Instruire militairement la nation et la discipliner, ce n'est point l'asservir : c'est à l'intérieur assurer le fonctionnement et le développement progressif de la liberté ; à l'extérieur, c'est être puissant, mais non agressif, car la modération est une preuve de la véritable force.

Cette obligation pour tout citoyen de recevoir une instruction militaire, aura pour résultat immédiat de répartir plus équitablement la charge du service et d'en restreindre pour chacun la durée. Des dispositions spéciales seront prises pour ne point entraver les études de ceux qui se destinent aux carrières libérales : ce sera encore un privilége donné à la fortune, mais qui sera moins choquant que le droit du remplacement ; l'instruction, d'ailleurs, est, de tous les titres, celui qui semble le mieux, dans une nation démocratique, justifier une faveur.

---

(1) Tout ce qui est imprimé ci-après en lettres italiques est tiré textuellement du règlement prussien.

I. Obligation de servir.

§ 1. *Tout citoyen français est astreint au service et ne peut s'affranchir de ce devoir. Il n'y a d'exception que pour les personnes vouées à la profession sacerdotale.*

Les citoyens astreints au service qui ne sont pas propres à porter les armes, sont cependant employés dans les services militaires correspondant à leurs fonctions civiles.

§ 2. *La force armée se compose de :*
L'armée ;
La marine ;
Le landsturm.

§ 3. *L'armée se décompose en :*
1° Armée permanente ;
2° Landwehr.
La marine se subdivise également en :
Flotte de guerre ;
Et seewehr.

Le landsturm comprend tous les citoyens (1) *valides au-dessus de dix-sept ans, qui ne font partie ni de l'armée, ni de la marine.*

§ 4. *L'armée permanente et la flotte sont continuellement préparées pour le service de guerre.* TOUTES DEUX SONT POUR LA NATION ENTIÈRE DES ÉCOLES D'INSTRUCTION MILITAIRE.

§ 5. *La landwehr et la seewehr sont destinées à soutenir l'armée régulière et la flotte.*

---

(1) En Prusse, tous les citoyens de dix-sept à quarante-deux ans accomplis, qui ne sont, etc.

L'infanterie de la landwehr forme des corps de troupes spéciaux et sert de réserve à l'armée permanente;

Les hommes des plus jeunes classes de l'infanterie de la landwehr peuvent cependant, en cas de besoin, être placés après la mobilisation dans les troupes de remplacement ou même dans les troupes mobiles de l'armée permanente, pour compléter les effectifs;

Les hommes de la cavalerie de la landwehr sont, en cas de guerre, appelés à compléter les effectifs des escadrons mobiles ou de remplacement, et peuvent être formés en corps particuliers suivant les besoins, mais exceptionnellement; les hommes de la landwehr pour les autres armes, sont, au commencement de la guerre, appelés sous les drapeaux de l'armée permanente suivant les besoins;

Il en est de même des hommes de la seewehr pour la flotte.

§ 6. L'obligation du service dans l'armée régulière et dans la flotte commence avec le 1er janvier de l'année dans laquelle le citoyen accomplit sa 20e année, et dure sept ans, dont les 2 premiers sont passés dans le service actif, les 5 autres dans la réserve. — Les hommes affectés à la cavalerie et à l'artillerie font 3 ans de présence, et par suite 4 seulement dans la réserve. — Le temps de service actif est décompté depuis l'entrée effective au service; les hommes qui se présentent depuis le 2 octobre jusqu'au 1er mars, époque de la reprise de l'instruction, comptent leurs services du 1er octobre précédent.

Pendant le reste de leurs sept ans, les hommes sont inscrits dans la réserve, en tant que les exercices annuels, des augmentations nécessaires d'effectifs, ou bien la mobilisation de l'armée et de la flotte ne rendent point nécessaires leur rappel au service. — Les hommes sont astreints pendant leur séjour dans la réserve à deux exercices qui ne doivent pas dépasser chacun huit semaines.

Chaque appel au service dans l'armée ou dans la flotte compte comme un exercice.

§ 7. *L'obligation du service dans la landwehr ou la seewehr est de cinq ans, et l'inscription des hommes a lieu après qu'ils ont accompli leur service dans l'armée permanente ou la flotte.*

Les hommes de cette catégorie, tant qu'ils ne sont point appelés au service, sont considérés comme en congé.

Les hommes de l'infanterie de la landwehr peuvent, pendant leur temps de service, être appelés deux fois de 8 à 14 jours pour des exercices de compagnies ou de bataillons et particulièrement pour se perfectionner dans le tir.

Les hommes de la landwehr appartenant aux chasseurs à pied, à l'artillerie, au génie et au train sont exercés dans les mêmes conditions que ceux de l'infanterie et avec les détachements de cette arme.

§ 8. L'appel de la landwehr et de la seewehr sous les armes ne peut avoir lieu que d'après une loi spéciale du Corps législatif.

§ 9. Le chef du pouvoir exécutif fait chaque année la répartition des ressources du recrutement entre l'armée permanente et la marine. La totalité des recrues affectée à l'arméee de terre doit être, autant que les ressources financières de l'État le permettent, incorporée dans les régiments : la durée du service actif dans l'infanterie peut, dans ce but, être réduite au-dessous de deux ans, celle du service dans la cavalerie et l'artillerie au-dessous de trois.

§ 10. *Volontaires d'un an.* — *Pour entraver le moins possible par ces devoirs généraux les carrières libérales et professionnelles, tout jeune homme ayant plus de* 17 *ans et moins de* 20, muni d'un diplôme de bachelier *et ayant l'aptitude physique nécessaire, peut entrer au service comme volontaire d'un an. Il a le choix de l'arme et du corps, mais il doit s'habiller, s'équiper et s'entretenir lui-même; dans la cavalerie et l'artillerie, il doit en outre fournir son cheval et pourvoir à la ration de fourrage. Au bout de ce temps, il est classé dans la réserve. Il peut, après examen, recevoir un certificat d'aptitude aux fonctions d'officier et il est, dans ce cas, placé comme sous-officier dans la réserve, puis dans la landwehr.*

§ 11. *Les dispositions prescrites par la présente loi en ce qui concerne la durée du service dans l'armée régulière ou la flotte, la landwehr et la seewehr, ne sont applicables qu'en temps de paix. En guerre, les besoins seuls font loi, et, dans ce cas, toutes les catégories appartenant soit à l'armée de terre, soit à la marine, si loin qu'on puisse les prendre, et aussi les classes nouvelles qui atteignent l'âge de la conscription, sont appelées sous les drapeaux en raison des exigences de la campagne.*

§ 12. *Les hommes appartenant à la réserve et à la landwehr sont simplement soumis, en dehors des exercices réglementaires, à des appels, nécessaires pour l'établissement des contrôles militaires. Les lois ordinaires du pays leur sont applicables, et ils ne sont soumis dans le choix de leur résidence à l'intérieur ou à l'extérieur du pays, dans l'exercice de leur profession ou de leurs droits de citoyen, et particulièrement pour leur mariage, à aucune restriction.*

II. Ensemble des principes d'organisation de l'armée.

L'armée, suivant les conditions dans lesquelles se trouve le pays, présente deux formations distinctes : la FORMATION DE PAIX *et la* FORMATION DE GUERRE. *Le passage du pied de paix au pied de guerre se fait par la mobilisation.*

Les troupes de l'armée permanente en paix doivent fournir les cadres pour la formation de guerre.

L'organisation doit avoir pour but de faciliter le passage rapide de l'armée du pied de paix au pied de guerre.

Dans ce dernier cas, l'armée se partage en deux parties distinctes : une mobile et l'autre immobile. A la première appartiennent les autorités de commandement et d'administration près des troupes en campagne, et ces dernières elles-mêmes ; à la seconde, les autorités de commandement et d'administration qui remplacent les précédentes, ainsi que les troupes de remplacement et de garnison.

La simple promulgation de l'ordre de mobilisation doit suffire pour en assurer l'exécution régulière et, dans ce but, tous les fonctionnaires civils et militaires doivent connaître exactement ce qu'ils ont à faire en pareil cas et préparer à l'avance les contrôles, feuilles d'appel et listes nécessaires ; aucune autorité de quel degré qu'elle soit, ne doit plus donner ni instruction ni ordre ; si le besoin s'en faisait sentir, c'est que les dispositions générales adoptées seraient défectueuses, et il y aurait lieu de les modifier.

Organisation permanente des corps d'armées (1).

Le moyen le plus simple, pour arriver à une mobilisation rapide, est de mettre les circonscriptions de recrutement en concordance intime avec l'organisation de l'armée, en prenant pour base l'infanterie : à chaque régiment, brigade, division et corps d'armée correspond un certain nombre de districts territoriaux qui se groupent successivement entre eux d'une manière analogue aux unités tactiques, pour former des districts de régiment, de brigade, de division et de corps d'armée. L'organisation de la landwehr est également subordonnée à ces divisions territoriales et chaque district de régiment fournit un régiment de landwehr.

Comme le service de la landwehr ne dure que 5 ans, tandis que celui dans l'armée active est de 7, qu'en outre les diminutions d'effectif sont plus grandes dans la première que dans la seconde, on ne peut avoir autant de bataillons de landwehr que de bataillons de ligne, et l'organisation prussienne, basée sur la statistique de nombreuses années, admet qu'à trois bataillons de ligne correspondent deux bataillons seulement de landwehr. Elle a pris alors pour base de la répartition territoriale l'organisation de la landwehr : deux districts de bataillon de

---

(1) La composition normale d'un de nos corps d'armée serait de :
2 divisions d'infanterie, 4 brigades, 8 régiments ;
2 bataillons de chasseurs ;
1 division de cavalerie de 2 ou 3 brigades, 4 ou 6 régiments ;
1 brigade d'artillerie comprenant 1 régiment d'artillerie de campagne et un régiment d'artillerie de places fortes.
1 bataillon du génie ;
1 bataillon du train.

landwehr forment un district de régiment de landwehr et fournissent le recrutement du régiment correspondant de la ligne qui, lui, compte trois bataillons. Quatre districts forment le cercle correspondant à une brigade, et ainsi de suite jusqu'au corps d'armée, qui comprend par suite 16 districts de bataillon de landwehr. Chacun de ceux-ci se subdivise à son tour en quatre compagnies, à la tête desquelles sont placés des sergents-majors.

La division du territoire en circonscriptions de corps d'armée permanentes est donc la base de cette organisation : chaque régiment d'infanterie se recrute dans les deux districts qui lui sont affectés : la cavalerie, l'artillerie, le génie, le train, en un mot tout ce qui n'appartient pas à l'infanterie de ligne, se recrute sur l'ensemble du cercle de chaque corps d'armée.

Les districts de bataillon sont mis, autant que possible, en concordance avec les divisions administratives, sans que cela toutefois soit absolument indispensable.

Nous proposons de partager la France en 12 corps d'armée, ce qui affecterait à chaque cercle de corps d'armée une population d'environ 3 millions d'habitants : il y aurait donc 24 divisions, 48 brigades, 96 régiments d'infanterie, et par suite 192 districts de bataillon de landwehr. Il serait facile de grouper entre eux les arrondissements voisins, de manière à satisfaire à ces exigences, et d'en distraire au plus des cantons en entier qui souvent seraient affectés au même régiment, et presque toujours à la même brigade.

On peut même éviter cette mesure en créant, dans les corps d'armée dont la population avec un nombre d'arrondissements déterminé dépasserait le chiffre fixé, des districts *de réserve*, qui fourniraient des renforts à ceux qui seraient trop faibles ; mais on est toujours assez tôt dans la nécessité d'adopter ce moyen par suite des variations qui ont lieu dans l'accroissement de la population.

Du reste, cette oganisation permanente se prête à toutes les exigences possibles : si la population augmente, ce qui est un fait général, on peut créer par corps d'armée un bataillon ou un régiment se recrutant dans toute l'étendue du corps d'armée, ou bien des corps de réserve, garde ou autres, prélevés sur l'ensemble de la population et dont on augmente le nombre et l'effectif suivant les ressources du recrutement; si la population diminue sur quelques points particuliers, on compense cette perte au moyen des districts de réserve, qu'on choisit de préférence parmi les localités qui fournissent le plus aux émigrations ou qui contiennent un grand nombre d'étrangers.

Nous avons eu déjà l'occasion de faire ressortir tous les avantages d'une pareille organisation (1); les inconvénients signalés au point de vue politique peuvent être considérablement diminués, sinon entièrement supprimés.

Les grandes villes, comme Paris et Lyon, dont l'esprit un peu frondeur ne représente point les idées générales de la population en France, pourraient être divisées en plusieurs sections, Paris en 4 par exemple, Lyon en 2 ou 3, appartenant à des corps d'armée différents, mais voisins, et on éviterait ainsi le danger de voir la garnison de ces places formée exclusivement d'éléments indigènes; enfin, les régiments ne seraient point non plus complétement stationnaires, et des changements de garnison auraient lieu périodiquement, tous les trois ans par exemple, dans l'intérieur d'un même corps d'armée. Les géné-

---

(1) Voir : chapitres I et V, ses avantages au moment de la mobilisation et pendant la guerre.

raux commandant les divisions et les brigades d'infanterie seraient stationnaires, en raison des exigences des opérations du recrutement et de la landwehr.

État-major général.

Il y a beaucoup trop d'officiers généraux en France : pour arriver à les employer tous, on a été obligé de rapetisser ou même d'annihiler leurs fonctions; c'est ainsi que dans des départements qui n'ont qu'un dépôt d'infanterie ou de cavalerie, il y a malgré cela un général de brigade. Les opérations du recrutement, qui ne durent qu'un mois, ne sont pas suffisantes pour justifier de pareilles sinécures, et l'armée y perd plus encore que le budget. Un officier supérieur pris dans les corps de troupe peut parfaitement remplacer dans le conseil de révision un général de brigade. Les comités d'armes absorbent également en pure perte un grand nombre de généraux de division et de brigade. Il est évidemment utile, surtout pour les corps spéciaux, qu'il y ait un centre de lumière et d'action; mais les recherches et les travaux théoriques n'empêchent point d'exercer un commandement; ils peuvent se faire aussi bien en province qu'à Paris; et il suffirait qu'il y eût, comme en Prusse, un inspecteur général de chaque arme, avec un personnel convenable sous ses ordres, pour centraliser ce qui la regarderait spécialement, et au moment du classement général des officiers supérieurs, tous les généraux commandants de division ou inspecteurs se réuniraient à Paris en comité d'armes, examineraient en même temps les améliorations qu'il conviendrait d'introduire, et donneraient enfin leur avis sur toutes les questions qui leur seraient soumises.

Nous voudrions également, afin de ne conférer des grades aussi importants qu'en pleine connaissance de cause, que les fonctions de général de division et de général de brigade fussent remplies pendant deux ans par les généraux de brigade et les colonels qu'on aurait jugés aptes au grade supérieur : au bout de ce temps, les incapables seraient mis à la retraite; ceux qui auraient donné des preuves de leur capacité recevraient le grade dont ils remplissaient les fonctions, suivant les vacances.

Les généraux commandants de corps d'armée ne seraient pas soumis à ce stage : il faut en effet qu'ils aient, pour bien remplir leurs fonctions, un grade supérieur à leurs divisionnaires, et il serait d'ailleurs facile de ne les choisir qu'à coup sûr.

Le cadre de notre état-major général serait le suivant :
17 généraux d'armée,
50 généraux de division,
100 généraux de brigade,
30 colonels commandants de brigade.

(Voir, à la fin, le tableau n° 1 indiquant le nombre des fonctions correspondant à chacun de ces grades.)

En diminuant ainsi le nombre de nos officiers généraux, c'est augmenter les chances de voir ces positions bien remplies; c'est en même temps relever l'importance et le prestige des grades inférieurs. Depuis quelques années, c'est à peine si le grade de général de division était accepté comme un couronnement de carrière; un colonel ne regardait sa position que comme un point d'étape pour le généralat, et ne trouvait pas dans le commandement de deux ou trois mille hommes une récompense suffisante pour ses services, une sphère assez vaste pour ses capacités et son intelligence. Il ne doit cependant y avoir que bien peu d'individualités auxquelles leur supériorité morale donne le droit de commander à tant de leurs semblables.

Cette dépréciation successive des grades est d'ailleurs un phénomène récent dans notre armée ; il n'en était point ainsi sous le premier Empire, où nos officiers avaient autant de mérite, mais plus de modestie, et refusaient souvent un grade par crainte de le mal remplir.

Corps d'état-major.

L'utilité d'un corps d'état-major n'est pas contestable, et les guerres actuelles accusent de plus en plus les immenses services qu'il est appelé à rendre dans les armées. Nous avons esquissé dans le chapitre précédent les inconvénients que présentait l'organisation actuelle du nôtre, montré la nécessité d'une réforme radicale dans le mode de recrutement, et admis en principe que tous les emplois d'officier d'état-major, devraient être donnés au concours.

Nous pensons toutefois que, dans un service qui exige avant tout des principes, de la méthode, des traditions, une instruction spéciale au point de vue de la topographie, et de l'équitation, enfin une communauté d'idées, de vues et même de manière d'agir dans chacun de ses membres, il est indispensable de conserver l'école d'état-major, et d'astreindre les officiers qui se destinent à l'état-major, à y faire deux années d'études.

Un premier concours pour l'admission à cette école aurait lieu entre tous les lieutenants d'infanterie et de cavalerie ayant au moins deux ans de grade, et on en prendrait un nombre double des besoins présumés du corps d'état-major. Après la seconde année, ils subiraient des examens concurremment avec les officiers d'artillerie et du génie sortant de l'école spéciale d'application de ces armes et ayant au moins trois ans de grade de lieutenant (1). Une liste générale de classement serait établie et les premiers, suivant le nombre des places vacantes dans l'état-major, seraient nommés capitaines avec le titre d'officiers d'état-major; les autres rentreraient à leurs anciens corps avec un certificat d'étude.

Ces capitaines feraient alors un stage de deux ans dans chacune des deux autres armes, infanterie, cavalerie ou artillerie et compteraient à l'effectif de ces corps dont ils toucheraient la solde ; puis ils rempliraient, pendant trois ou quatre ans les fonctions d'état-major dans les brigades, divisions ou corps d'armée, obtiendraient le grade supérieur, et seraient replacés dans un régiment, de préférence étranger à l'arme où ils ont servi comme lieutenants. Un certain nombre pourrait, au bout de quelques années, rentrer dans le service d'état-major, mais toujours sans s'y éterniser; d'autres n'y reviendraient que comme lieutenant-colonel ou colonel.

Les officiers d'état-major seraient l'objet d'une surveillance constante de la part du chef d'état-major général de l'armée et d'un inspecteur général de l'état-major, qui s'assureraient annuellement de leur travail et de leurs connaissances : ceux qui ne répondraient pas à ce qu'on

---

(1) Par exception, les lieutenants d'artillerie et du génie sortant de l'école d'application de ces armes ne seraient point tenus de suivre les cours de l'école d'état-major. Il serait d'ailleurs facile de mettre en concordance les programmes de ces deux écoles, au point de vue de l'instruction militaire générale.

est en droit d'attendre d'eux seraient laissés dans les corps ; les autres auraient un avancement rapide et mérité, et l'état-major deviendrait ainsi, ce qu'il devrait être en réalité, la pépinière des officiers généraux. — Chaque arme fournirait à ce corps l'élite de ses officiers : la force de chacune d'elles n'en serait point sensiblement diminuée, et ce serait un immense progrès pour l'ensemble.

L'état-major ne doit assurer que les besoins généraux de l'armée et non le service personnel de ceux qui la commandent ; il doit, par raison d'économie, être le moins nombreux possible en temps de paix, et se prêter en temps de guerre aux exigences si multiples que nous avons signalées dans le chapitre I : son nombre, dans ce dernier cas, doit être, pour ainsi dire, illimité.

Le corps d'état-major ne fournirait donc point le service des aides de camp, qui n'exige par le fait aucune connaissance spéciale : ceux-ci seraient pris parmi les officiers des corps de troupes placés directement sous les ordres des généraux, et recevraient un supplément de solde mensuel. — En cas de mobilisation, ils seraient rappelés à leurs corps. Nous croyons, par contre, qu'il serait bon de créer des chefs d'état-major de brigade, pris parmi les chefs d'escadron ou parmi les capitaines les plus anciens.

L'état-major devrait seulement assurer les besoins du dépôt de la guerre, où il y aurait environ trente officiers supérieurs, puis le service des états-majors généraux des corps d'armée, des états-majors des divisions et des brigades. Ceux-ci encore devraient être également bien moins nombreux que par le passé. Les officiers d'état-major devraient diriger le service et non être employés comme des secrétaires. On pourrait supprimer les capitaines archivistes, créer une section de commis aux écritures de l'état-major et en affecter trois ou quatre à chaque état-major.

L'état-major de chaque corps d'armée serait de : un colonel, un chef d'escadron et deux capitaines; celui d'une division d'infanterie de : un chef d'escadron et deux capitaines; d'une division de cavalerie de : un chef d'escadron et un capitaine; celui d'une brigade : un chef d'escadron ou un capitaine.

Le cadre de l'état-major serait alors le suivant :

      20 colonels,
      20 lieutenants-colonels,
      60 chefs d'escadrons,
     150 capitaines.

Total : 250 officiers.

(Voir au tableau n° 2 l'ensemble des fonctions incombant à l'état-major.)

La proportion des différents grades n'est, d'ailleurs, que secondaire, puisque l'avancement des officiers d'état-major ne s'y ferait pas directement et qu'ils pourraient être nommés par suite, sans qu'il y ait des vacances dans le grade supérieur de leur corps. Il y a, toutefois, un intérêt général à ce que ces fonctions soient remplies par des officiers ayant déjà une certaine expérience, et à augmenter relativement le nombre des officiers supérieurs [1].

---

[1] Les officiers d'état-major porteraient, soit dans leurs fonctions spéciales, soit pendant leur service dans les corps de troupes, un uniforme particulier qui serait le même que l'uniforme actuel, moins l'habit qui serait supprimé. — Les aiguillettes et la ceinture seraient les marques distinctives des fonctions d'état-major : les officiers d'état-major en service dans les corps de troupes prendraient la coiffure de leur régiment.

États-majors particuliers de l'artillerie et du génie.

(Voir plus loin l'organisation tactique de ces armes et le personnel affecté à l'état-major particulier de chacune d'elles.)

Intendance militaire.

L'intendance militaire recevrait en principe l'organisation suivante :

Un intendant par corps d'armée ;

Un sous-intendant de 1re classe par division d'infanterie ;

Un sous-intendant de 2e classe ou adjoint de 1re classe par division de cavalerie ou brigade d'infanterie.

Les adjoints de 1re classe restant et ceux de 2e classe seraient répartis, suivant les exigences du service, entre les sous-intendances de division et de brigade.

Le nombre total de ces fonctionnaires serait conservé tel qu'il est dans notre ancienne organisation ; la proportion seule des différents grades serait modifiée. Le grade et les fonctions d'intendant général inspecteur sont supprimés.

Le cadre de l'intendance comprendrait (voir le tableau n° 3) :

14 intendants militaires,
30 sous-intendants de 1re classe,
30 sous-intendants de 2e classe,
80 adjoints de 1re classe,
100 adjoints de 2e classe.

L'avancement aux grades supérieurs serait ainsi replacé, pour l'intendance, dans les conditions normales des autres corps.

État-major des places.

L'état-major des places, dont l'inutilité est depuis longtemps reconnue, est supprimé. Les fonctions de commandant de place sont exercées par l'officier supérieur le plus élevé en grade de chaque garnison. Dans les places de guerre ou les grands centres de garnison, un ou deux officiers peuvent être détachés temporairement de leurs corps pour être adjoints au commandant de la place.

Les secrétaires-archivistes des divisions sont également supprimés.

Gendarmerie.

La gendarmerie se recrute, comme par le passé, jusqu'au grade de capitaine ; au delà, l'avancement a lieu exclusivement dans l'arme jusqu'à colonel inclusivement. La gendarmerie ne fournit pas de généraux.

Les légions correspondent aux divisions d'infanterie, et sont commandées par un colonel ou lieutenant-colonel. L'Algérie forme également une légion.

Il n'est rien changé à l'organisation actuelle des compagnies de gendarmerie, ni du régiment de la garde de Paris.

Le cadre comprend : 13 colonels,
       14 lieutenants-colonels,
       102 chefs d'escadron,
       300 capitaines,
       300 lieutenants,
       35 sous-lieutenants.

Organisation tactique des corps de troupes.

Les corps d'armée seraient numérotés entre eux dans un ordre géographique ; il en serait de même des divisions, brigades et régiments d'infanterie, en sorte que connaissant le numéro de ces derniers, on peut en déduire de suite à quelle brigade, division ou corps d'armée ils appartiennent.

Les bataillons de chasseurs portent le numéro de la division dont ils font partie ; les divisions de cavalerie, les brigades d'artillerie et les deux régiments de campagne et de places fortes correspondants, les bataillons du génie et les bataillons du train ont pour numéro celui de leur corps d'armée.

L'Algérie formerait un 13e corps d'armée comprenant comme troupes sédentaires : trois régiments de zouaves, trois régiments de tirailleurs indigènes, un régiment étranger, trois bataillons d'infanterie légère d'Afrique, sept compagnies de discipline, quatre régiments de chasseurs d'Afrique, trois régiments de spahis, un régiment d'artillerie de campagne, un bataillon du génie et un bataillon du train.

Toutes ces troupes, à l'exception des tirailleurs et des spahis qui se recruteraient en Algérie, seraient prélevées sur l'ensemble des autres corps d'armée.

Infanterie.

L'infanterie se compose par suite de :
- 96 régiments d'infanterie de ligne ;
- 24 bataillons de chasseurs ;
- 3 régiments de zouaves ;
- 3 régiments de tirailleurs ;
- 1 régiment étranger à 3 bataillons ;
- 3 bataillons d'infanterie légère d'Afrique ;
- (1) régiment de sapeurs-pompiers (2 bataillons) ;
- 7 compagnies de discipline.

Total : 336 bataillons mobiles.

Les régiments sont à trois bataillons ; le bataillon comprend 4 compagnies d'un effectif de 250 hommes chacun, ce qui donne mille combattants par bataillon, trois mille par régiment.

(Voir au tableau n° 7 le détail de l'organisation des compagnies, bataillons et régiments.)

Les compagnies comptent 4 officiers, 14 sous-officiers, 236 hommes, 3 non-combattants.

Le grade de caporal est supprimé et remplacé par le même nombre de sous-officiers : il y a, outre le sergent-major et le fourrier, 12 sous-officiers par compagnie ; les quatre plus anciens ont le titre de sergents et portent un signe distinctif.

Les caporaux, dans notre ancienne organisation,

n'avaient point une autorité morale suffisante sur leurs hommes ; en outre, par suite du grand nombre de recrues que les corps auront annuellement à instruire, il est important que les détails de l'instruction puissent être confiés à des sous-officiers. La tâche des officiers sera rendue en même temps moins dure.

Nous avons donc adopté en principe la suppression des caporaux ou brigadiers dans toutes les armes. En raison du peu de temps que les soldats resteront sous les drapeaux, il y a lieu également de restreindre le nombre des soldats de 1re classe : il serait le double de celui des sous-officiers et sergents.

Comme autre amélioration, nous plaçons un infirmier et deux ouvriers non armés par compagnie, ce qui fait trois non-combattants.

Tous les capitaines d'infanterie, commandants de compagnie ou adjudants-majors, reçoivent un cheval de l'État à titre gratuit et touchent une ration journalière de fourrages.

Les chefs de bataillon et le colonel ont chacun un sous-officier-secrétaire pour les détails du service.

Les médecins-majors de 2e classe et aides-majors sont montés gratuitement.

Deux lieutenants de chaque régiment sont employés comme adjoints aux commandants des districts de landwehr correspondants, et sont en dehors des cadres des compagnies et de l'état-major du régiment. Dans les régiments, la moitié des lieutenants et des capitaines est de 1re classe. Tous les capitaines employés dans les districts de landwehr ou dans les écoles militaires sont hors cadres et touchent la solde de 1re classe.

En cas de mobilisation, le nombre des officiers de chaque compagnie est porté à 5 par la création d'un

2ᵉ lieutenant. En outre, chaque régiment forme un bataillon de remplacement de 1,000 hommes; chaque bataillon de chasseurs forme une compagnie de remplacement de 250 hommes.

L'armée régulière fournit aussi à ce moment les officiers supérieurs des bataillons et régiments de landwehr; ceux-ci sont commandés par des lieutenants-colonels.

Après la guerre, les officiers supérieurs de la landwehr et les officiers des troupes de remplacement, sont mis à la suite dans les régiments de ligne correspondants.

Cavalerie.

Le nombre des officiers de cavalerie dans notre ancienne organisation était de beaucoup au-dessus des besoins, aussi bien dans l'intérieur des escadrons que dans l'état-major du régiment. Les fonctions de capitaine en second, d'adjudant-major et de chef d'escadron sont complétement inutiles. Il est d'autant plus nécessaire d'introduire la plus grande économie dans l'organisation de cette arme, qu'il n'est guère possible de créer de nouveaux éléments au moment de la guerre, et le mieux est de rappeler dans leurs corps les anciens cavaliers, même de la landwehr. Il faut par contre que cette arme présente en temps de paix des cadres relativement plus considérables que l'infanterie.

Nous proposons donc de créer par corps d'armée une division de cavalerie de 2 brigades de 3 régiments, ce qui ferait en tout 72 régiments de cavalerie, auxquels il faut ajouter 4 régiments de chasseurs d'Afrique. L'utilité des régiments de spahis nous paraît contestable et nous pensons qu'il suffirait d'en conserver un escadron par province pour le service des bureaux arabes et la sécurité intérieure de l'Algérie, et de porter à six le nombre des régiments de chasseurs d'Afrique.

Chaque régiment serait formé de quatre escadrons en temps de paix, plus d'un escadron de remplacement en cas de mobilisation.

On admet généralement que la cavalerie doit former en principe le 8e ou le 10e de toutes les troupes d'une armée, et que le nombre des escadrons doit être sensiblement égal à celui des bataillons dans l'organisation de paix. Nous arrivons à ce résultat : le nombre de nos bataillons est de 336 ; le nombre de nos escadrons, sur le pied de paix, est de 304, sur le pied de guerre, de 380.

La cavalerie lourde serait formée par huit régiments de cuirassiers. La cavalerie de ligne, qui doit agir avec l'infanterie (un régiment par division d'infanterie), comprendrait vingt-quatre régiments, douze de dragons et douze de lanciers. La cavalerie légère, destinée à faire le service d'éclaireurs, serait armée du mousqueton se chargeant par la culasse, car il est indispensable qu'elle ait des feux à sa disposition, et formerait le restant de la cavalerie, c'est-à-dire quarante régiments, dont vingt de chasseurs et vingt de hussards.

L'ensemble de notre cavalerie comprendrait donc :

    8 régiments de cuirassiers.
    12 régiments de dragons.
    12 régiments de lanciers.
    20 régiments de chasseurs.
    20 régiments de hussards.
    4 régiments de chasseurs d'Afrique.

En cas de mobilisation, on aurait donc, outre les deux régiments qui seraient attachés à chaque corps d'armée, quarante-quatre régiments formant onze divisions de cavalerie légère et deux divisions de cavalerie de réserve, sans compter les escadrons de remplacement qui pourraient être réunis en régiments de marche et former encore cinq nouvelles divisions.

L'effectif de l'escadron est de 5 officiers, 14 sous-officiers, 136 hommes, 6 non-combattants et 162 chevaux.

(Voir au tableau n° 9 le détail de l'organisation des escadrons et des régiments.)

Il y a trois officiers supérieurs : un lieutenant-colonel ou colonel commandant le régiment, un chef d'escadron chargé des détails de l'instruction, et remplaçant au besoin le commandant du régiment, un major pour surveiller la comptabilité.

Le cadre des escadrons comportant 2 lieutenants et 2 sous-lieutenants, le service des établissements de remonte pourra être fourni par un certain nombre d'officiers de ces grades, détachés simplement de leurs régiments.

Tous les capitaines et chefs d'escadron employés dans ce service sont hors cadres, et ces positions sont données d'une manière analogue aux commandements de district de landwehr pour les officiers d'infanterie, c'est-à-dire à ceux qui ne peuvent espérer un grade supérieur dans le service actif.

Les capitaines de cavalerie employés dans les remontes ou dans les écoles militaires touchent la solde de la 1re classe du grade; ces derniers sont également hors cadres.

Cette organisation, qui suffit largement aux besoins, nous permet d'augmenter de beaucoup le nombre de nos régiments de cavalerie, tout en réalisant d'énormes économies sur le personnel des officiers supérieurs et capitaines, ainsi que le fait ressortir notre tableau n° 10.

En cas de mobilisation, chaque régiment de cavalerie forme un cinquième escadron, dit de remplacement, avec l'effectif normal indiqué.

Artillerie.

1° *État-major.* A la tête se trouve un général d'armée, grand-maître de l'artillerie, chef de l'arme de l'artillerie, qui centralise tout ce qui est relatif au service spécial de l'arme, comme personnel et matériel.

La France est divisée en quatre inspections d'artillerie, à la tête desquelles sont des généraux de division ou de brigade ; l'Algérie forme une inspection à part, confiée à un général de brigade, commandant supérieur de l'artillerie en Algérie, faisant partie de l'état-major du général commandant le 13e corps d'armée.

Il y a en outre un général de division, directeur du dépôt central d'artillerie à Paris.

Des états-majors particuliers sont constitués pour assurer le service des inspections et du dépôt central d'artillerie. (Voir le tableau n° 5.)

A chaque corps d'armée territorial correspond une direction d'artillerie avec un colonel directeur, un lieutenant-colonel sous-directeur, et un certain nombre de chefs de bataillon et de capitaines adjoints.

Les besoins des divers établissements d'artillerie, poudreries, capsuleries, manufactures d'armes, fonderies de canons, école de pyrotechnie, ont été assurés ainsi que ceux des écoles militaires ou d'application d'après les chiffres portés dans l'annuaire de 1870.

Les commandants de brigade d'artillerie enfin, en raison de l'importance même de leur commandement, auraient un état-major composé d'un chef d'escadron et d'un capitaine.

Tous les capitaines employés dans l'état-major particulier de l'artillerie touchent la solde de 1re classe.

On placerait de préférence dans les directions les chefs d'escadron et capitaines qui ne pourraient prétendre à un grade plus élevé.

2° *Troupes.* L'effectif des troupes d'artillerie d'une armée doit être à peu près égal à la moitié de celui de la la cavalerie. On estime actuellement, et ce sont les chiffres adoptés dans l'armée prussienne, qu'il doit y avoir dans un corps d'armée deux pièces et demie par 1,000 hommes de toutes armes, ou, ce qui revient à peu près au même, trois par 1,000 hommes d'infanterie.

Chaque corps d'armée formé d'après nos indications aurait un effectif d'environ 35 mille hommes, et devrait avoir, par suite, 90 bouches à feu.

Nous admettons aussi la séparation des troupes d'artillerie en troupes d'artillerie de campagne et troupes d'artillerie de places fortes.

Le corps d'armée nous servirait également de base pour la répartition et le recrutement de notre artillerie. A chaque corps d'armée en France serait attachée une brigade d'artillerie composée d'un régiment d'artillerie de campagne et d'un régiment d'artillerie de places fortes. Le 13° corps n'aurait qu'un régiment d'artillerie de campagne.

Les troupes d'artillerie se composeraient donc de :

Treize régiments d'artillerie de campagne et douze régiments d'artillerie de places fortes.

RÉGIMENT D'ARTILLERIE DE CAMPAGNE. Chaque régiment a trois divisions d'artillerie montée, comprenant chacune quatre batteries de six pièces et une division d'artillerie à cheval forte de trois batteries, de six pièces chacune également. Cela fait, pour l'ensemble de l'artillerie d'un corps d'armée, quinze batteries, quatre-vingt-dix pièces.

Cette organisation se prête facilement à une répartition rationnelle entre les éléments du corps d'armée : une division montée est affectée à chaque division d'infanterie, et la réserve comprend alors une division montée et une division à cheval.

En raison de l'importance du commandement des divisions d'artillerie attachées à l'infanterie, il serait exercé dans chacune d'elles par un lieutenant-colonel ; il y aurait donc par régiment d'artillerie de campagne un colonel et deux lieutenants-colonels.

L'effectif d'une batterie montée est de :

- 1 capitaine de 1re classe,
- 2 lieutenants,
- 1 sous-lieutenant,

} 4 officiers.

- 1 maréchal des logis chef,
- 1 maréchal des logis four.,
- 18 sous-officiers,
- 120 canonniers,

} 140 hommes.

- 1 infirmier,
- 5 ouvriers non armés,

} 6 non combattants.

On obtiendrait une économie immense en adoptant le système prussien, de n'avoir attelées, en temps de paix, que quatre pièces par batterie.

L'attelage des deux autres pièces, des caissons et des

voitures formant les colonnes de munitions, n'a lieu que dans le cas d'une mobilisation.

Les pièces seraient attelées de six chevaux. Cela fait, sur le pied de paix, trente-sept chevaux par batterie, sur le pied de guerre cent vingt.

Deux batteries montées sont réunies sous le commandement d'un chef d'escadron ; la division à cheval, toutefois, n'en a qu'un.

Les batteries à cheval comptent soixante-dix hommes et soixante-douze chevaux sur le pied de paix, cent quarante hommes et deux cents chevaux sur le pied de guerre.

Quatre batteries montées ou trois à cheval forment une division. Les deux divisions montées détachées près des divisions d'infanterie, sont commandées chacune par un lieutenant-colonel, ainsi que nous l'avons déjà dit ; la 3e division montée l'est par le plus ancien des chefs d'escadron. Le colonel en campagne a le commandement spécial de la réserve d'artillerie du corps d'armée, comprenant alors une division montée et la division à cheval ; sept batteries, 42 pièces.

A chaque division d'artillerie sont attachés : un capitaine en second (à la suite) remplissant près du commandant de la division les fonctions d'adjudant-major, un médecin-major de 2e classe ou aide-major, un vétérinaire en second ou aide vétérinaire et un sous-officier secrétaire.

La composition de l'état-major du régiment est analogue à celle de celui d'un régiment d'infanterie : un capitaine de 2e classe (à la suite) remplit près du colonel les fonctions d'adjudant-major. Notre cadre de capitaines de 2e classe, à la suite, étant de quinze, il nous en reste, en dehors des cinq qui remplissent les fonctions d'adjudant-major, dix qui sont employés selon les besoins du service comme capitaines en second ou comme commandants éventuels de batterie. Ce chiffre de quinze capitaines, à la suite, n'est point fixé au hasard, et nous ferons voir plus loin qu'il est basé sur les besoins nouveaux que crée une mobilisation.

(Le tableau n° 11 présente le détail de l'organisation des batteries et régiments de campagne.)

L'effectif d'un régiment de campagne, au complet, est de : 89 officiers, 2,105 hommes, 132 non combattants. — 625 chevaux en garnison.

Dans le cas d'une mobilisation, chaque régiment d'artillerie (le 13° excepté) *forme un parc de munitions et une division de dépôt. Le parc se compose de neuf colonnes : cinq colonnes de munitions d'artillerie et quatre colonnes de munitions d'infanterie. L'état-major du parc se compose de : un chef d'escadron, un lieutenant adjudant-major, un sous-officier secrétaire, deux canonniers, deux voitures (une à deux chevaux et une à quatre).* Total : deux officiers, trois hommes, trois non-combattants, douze chevaux, deux voitures.

Chaque colonne de munitions se compose de 24 voitures, plus une de bagages. Elle est commandée par un capitaine en second (à la suite) de l'artillerie, et se compose de 4 sous-officiers et 24 canonniers à cheval, 25 canonniers à pied, un sellier et un infirmier. Total : un officier, 53 hommes, 2 non-combattants, 32 chevaux.

Les voitures de munitions sont attelées à 6 chevaux, celle de bagages à 4, par les soins du train des équipages qui fournit à chaque colonne de munitions : un lieutenant ou sous-lieutenant, 6 sous-officiers, 75 soldats du train, 156 chevaux. — Un capitaine du train commande le personnel attaché à ces 9 colonnes.

Le parc de munitions emploie donc : 1 chef d'escadron, 9 capitaines en second, un lieutenant, 37 sous-officiers, 435 hommes, 21 non-combattants, 300 chevaux et 218 voitures de l'artillerie;

1 capitaine, 9 lieutenants ou sous-lieutenants, 54 sous-officiers, 657 soldats, 1,368 chevaux du train.

La division de dépôt est formée par quatre batteries montées avec la composition normale, plus une section d'ouvriers comprenant le cadre du peloton hors rang et 130 ouvriers, le tout sous le commandement du major.

Les promotions en officiers à faire dans le cas d'une mobilisation se réduisent donc à 1 chef d'escadron, 2 capitaines, 7 lieutenants et 4 sous-lieutenants.

Les 15 capitaines de 2ᵉ classe à la suite et les 2 nouveaux promus se trouvent ainsi employés : 2 adjudants-majors près du colonel, 2 adjudants-majors près des commandants des divisions d'artillerie attachées à l'infanterie, 4 commandants de batterie de remplacement, 9 commandants de colonnes de munitions.

L'effectif total d'un régiment d'artillerie de campagne mobilisé se décompose alors ainsi qu'il suit :

	Off.	H.	N.C.	Ch.	Pièces	Voit.
État-major.	3	2	2	13	»	»
3 divisions d'artillerie à pied.	58	1683	78	1461	72	123
1 division d'artillerie à cheval	13	421	20	607	18	31
1 colonne de parc	11	480	18	300	»	227
Effectif des troupes mobiles	85	2586	118	2381	90	381
4 batteries de remplacement.	16	560	24	480	24	41
Peloton hors rang	4	»	137	5	»	»
Total général.	105	3236	279	2866	114	422

Si on ajoute à ces chiffres le nombre d'hommes et de chevaux du train nécessaire pour atteler le parc de munitions, on arrive à l'effectif suivant : 115 officiers, 3,947 hommes, 4,234 chevaux.

Les chevaux nécessaires pour atteler les pièces, les caissons et les voitures seraient pris par réquisition parmi les chevaux de trait du pays et suivant le mode que nous indiquerons plus loin pour le train des équipages.

Le 13e régiment par exception, et vu les difficultés d'une augmentation subite de l'effectif en hommes et en chevaux, ne forme point de batteries de remplacement, ni de colonnes de munitions : on lui affecterait, en cas de besoin, un certain nombre de colonnes de munitions prises dans les autres corps d'armée. — Ses batteries auraient, même en temps de paix, l'effectif de mobilisation comme hommes et comme chevaux.

Régiment d'artillerie de place forte. Un régiment se compose de l'état-major et de 2 divisions de 4 compagnies chacune.

L'effectif d'une compagnie est de :
1 capitaine de 1re classe,
2 lieutenants,
1 sous-lieutenant.
100 hommes et 3 non-combattants. (Voir le tableau n° 12.)

Chaque division est commandée par un chef d'escadron.

Le régiment est sous les ordres d'un colonel ou lieutenant-colonel, et a un état-major analogue à celui des bataillons formant corps.

Son effectif total est de : 38 officiers, 803 hommes, 50 non-combattants, 14 chevaux.

En cas de mobilisation, les cadres ne varient pas, mais l'effectif de chaque compagnie est porté à 200 hommes. Le régiment compte alors : 38 officiers, 1,603 hommes, 50 non-combattants, 14 chevaux.

Génie. Organisation et composition.

A la tête de l'arme se trouve un général d'armée, chef du corps du génie et inspecteur général des places fortes, qui centralise tout ce qui est relatif au service spécial du génie comme personnel et matériel, soit des corps de troupes, soit des places fortes.

La France est divisée en deux inspections du génie, à la tête desquelles sont des généraux de division ou de brigade; l'Algérie forme une inspection à part, confiée à un général de brigade commandant supérieur du génie en Algérie, faisant partie de l'état-major du général commandant le 13e corps d'armée.

Il y a en outre un général de division, directeur du dépôt central des fortifications à Paris.

Des états-majors particuliers sont constitués pour assurer le service des inspections et du dépôt central des fortifications (Voir le tableau n° 6.)

A chaque corps d'armée territorial correspond une direction du génie avec un colonel directeur, un lieutenant-colonel sous-directeur, et un certain nombre de chefs de bataillon et de capitaines adjoints. L'Algérie forme la 13e direction.

Les besoins des colonies, des écoles d'application, des écoles militaires, sont également assurés; l'estimation en a été faite d'après les chiffres portés au dernier Annuaire.

Les troupes se composent de un bataillon du génie par corps d'armée territorial, un 13e pour l'Algérie.

La 1re compagnie de chaque bataillon est compagnie de pontonniers,

La 2e et la 3e, compagnies de sapeurs,

La 4ᵉ, compagnie de mineurs.

L'effectif d'une compagnie comprend :

    1 capitaine en premier,
    1 capitaine en second,
    2 lieutenants,
    1 sous-lieutenant.

Même composition en sous-officiers, soldats et non-combattants que les compagnies d'infanterie.

Total : 5 officiers, 250 hommes, 3 non-combattants.

Les professeurs des écoles des bataillons sont pris parmi les capitaines en second.

L'état-major du bataillon est le même que celui d'un bataillon d'infanterie formant corps.

L'effectif total du bataillon par grade serait donc :

1 chef de bataillon, 10 capitaines, 10 lieutenants, 4 sous-lieutenants, 2 médecins.

En cas de mobilisation, chaque bataillon du génie forme :

1° 1 colonne de pontons.
- 34 haquets
- 3 voitures d'outils.
- 3 chariots.
- 1 voiture de bagages.

Total : 41 voitures. Les 34 haquets portent 32 pontons, plus les 2 culées avec les accessoires, pour la construction d'un pont de 130 à 135 mètres environ. La colonne est commandée par un capitaine en second. Le train fournit les conducteurs et les chevaux : 1 lieutenant ou sous-lieutenant, 10 sous-officiers, 128 soldats, 258 chevaux.

2° Un train léger de pont-volants.
- 4 voitures portant des chevalets.
- 6 voitures portant des pontons.
- 1 voiture portant des outils.
- 1 chariot.
- 1 voiture de bagages.

Total : 13 voitures, sous les ordres d'un capitaine en second du génie. Le train fournit les conducteurs et les chevaux : 1 lieutenant ou sous-lieutenant, 4 sous-officiers, 40 soldats, 86 chevaux. — Ce matériel suffit pour jeter un pont de 60 mètres.

3° Enfin une colonne de matériel de 6 voitures, contenant des outils de retranchement et de réserve. Le train fournit : 2 sous-officiers, 19 hommes, 39 chevaux.

Le train doit donc fournir à chaque bataillon du génie mobilisé : 2 lieutenants ou sous-lieutenants, 16 sous-officiers, 187 hommes, 383 chevaux.

Chaque bataillon du génie forme également une compagnie de dépôt au chiffre normal, ce qui donne pour son effectif général :

30 officiers, 1,252 hommes, 31 non-combattants, 14 chevaux.

Le génie est en outre chargé du service télégraphique militaire en campagne et du service des chemins de fer. Des sections spéciales sont créées, au moment de la mobilisation, avec un personnel emprunté à la télégraphie civile et aux compagnies de chemins de fer.

Train.

Un bataillon du train est attaché à chaque corps d'armée : le bataillon du train en Algérie est prélevé sur l'ensemble des contingents des autres corps d'armée.

Pied de paix. Chaque bataillon du train se compose de :

Un état-major,

Quatre compagnies,
Un dépôt avec une section d'ouvriers,
Une section de boulangers.

La compagnie a le même effectif en officiers et sous-officiers qu'une compagnie d'infanterie : le nombre des cavaliers en temps de paix est de 100, dont 24 de 1re classe pouvant faire jusqu'à 3 ans de service. Chaque compagnie reçoit deux fois par an 75 recrues qu'elle ne conserve que six mois, temps nécessaire pour leur donner une instruction convenable et au bout duquel ils sont classés dans la réserve.

Le dépôt du bataillon se compose d'un personnel administratif analogue à celui des bataillons d'infanterie formant corps, et d'une section d'ouvriers qui est de 10 hommes environ en temps de paix.

L'effectif de la section d'ouvriers boulangers varie par corps d'armée suivant les besoins : elle est employée dans les manutentions. Elle se compose de chefs ouvriers ayant le grade de sous-officier et de soldats des deux classes.

L'état-major du bataillon comporte : 1 chef d'escadron, 1 capitaine adjudant-major, 2 médecins et 2 vétérinaires. (Voir tableau n° 15.)

L'effectif total d'un bataillon en temps de paix est de : 21 officiers, 457 hommes, 19 non-combattants (sans compter les boulangers).

Chaque compagnie a 6 voitures attelées de 4 chevaux, plus 2 voitures de réserve, également attelées. En tout 26 voitures, 130 chevaux.

Pied de guerre. En cas de mobilisation, chaque bataillon du train, excepté le 13e employé en Algérie, prend par les soins de l'intendance, la composition suivante :

1° État-major.
2° 5 colonnes d'approvisionnements.
3° 1 colonne de boulangerie de campagne.
4° 1 dépôt de chevaux.
5° 3 compagnies de brancardiers.
6° 1 direction d'ambulance de campagne.
7° 3 ambulances de corps d'armée.
8° 3 ambulances de division.
9° 9 colonnes de munitions d'artillerie et d'infanterie.
10° Colonnes de pontons et de matériel du génie.
11° Bagages des états-majors du corps d'armée.
12° Bagages des corps de troupes.

L'état-major, qui marche constamment avec le commandant du corps d'armée, comprend : 2 officiers (le commandant et l'adjudant-major), 1 secrétaire, 3 hommes du train, 8 chevaux et une voiture.

Composition d'une colonne d'approvisionnements (1).

2 officiers (1 capitaine, 1 lieutenant ou sous-lieutenant).

1 maréchal des logis chef du train.

10 sous-officiers.

8 ouvriers (3 forgerons, 2 selliers, 1 charron, 1 tailleur, 1 tonnelier).

75 hommes du train.

32 voitures attelées à 4 chevaux.

155 chevaux.

Effectif total des cinq colonnes : 10 officiers, 470 non-combattants, 775 chevaux, 160 voitures.

(1) Une partie de ces chiffres a été prise dans le livre intitulé : *Armée de la Confédération du Nord de l'Allemagne*, par un officier d'état-major. — Paris 1868.

Composition de la colonne de boulangerie de campagne.

1 officier (lieutenant ou sous-lieutenant).
1 sergent-major.
2 sous-officiers du train montés.
16 maîtres boulangers,
1 maître boucher.
1 maître maçon.
82 ouvriers.
15 hommes du train.
26 chevaux.
5 voitures, dont 3 portant des fours de campagne.
Total : 1 officier, 118 hommes, 26 chevaux, 5 voitures.

Le *dépôt de chevaux* compte :

2 officiers (1 capitaine, 1 lieutenant ou sous-lieutenant).
1 maréchal des logis chef.
5 sous-officiers du train montés.
10 soldats de 1re classe.
1 vétérinaire.
80 soldats du train.
1 voiture.
150 chevaux.
Total : 2 officiers, 97 non-combattants, 150 chevaux, 1 voiture.

Composition d'une compagnie de brancardiers.

2 officiers (1 lieutenant et 1 sous-lieutenant).
1 sergent-major.
12 sous-officiers.
12 soldats de 1re classe.
120 hommes auxiliaires.
4 clairons.
3 soldats du train.
4 chevaux.

Effectif des 3 compagnies : 6 officiers, 459 hommes, 12 chevaux.

La *direction d'ambulance de corps d'armée* compte comme éléments provenant du train : 1 officier, 4 soldats montés servant de cavaliers d'ordonnance, 1 voiture à 4 chevaux. Total : 1 officier, 6 non-combattants, 9 chevaux, 1 voiture.

Une *ambulance de corps d'armée ou de division* comprend : 1 officier, 1 maréchal des logis chef, 5 sous-officiers montés, 11 voitures, 46 chevaux, 24 soldats du train.

Total pour les 6 ambulances : 6 officiers, 180 non-combattants, 276 chevaux, 66 voitures.

Nous laissons de côté l'organisation des ambulances, comme médecins, pharmaciens, infirmiers, etc. : cette question doit être l'objet d'un règlement spécial; disons seulement que les anciennes fixations sont complétement au-dessous des besoins.

(Voir tableau n° 16 l'organisation générale et l'effectif total d'un bataillon du train sur le pied de mobilisation.)

Nous arrivons ainsi, pour les besoins de toute l'armée

mise sur le pied de guerre, au chiffre énorme de 32 mille hommes, 37 mille chevaux et 3,500 voitures.

Le nombre des officiers du train est également considérable, près de six cents. Nous faisons observer que la landwehr ne comprenant point, dans le cas d'une mobilisation, de formations nouvelles pour la cavalerie et les armes spéciales, tous les officiers de la landwehr appartenant à ces catégories peuvent être versés dans le train et y fournir d'excellents éléments. Les connaissances acquises par les officiers pendant leur service actif peuvent être d'ailleurs utilisées : les officiers sortant de l'artillerie sont employés dans les colonnes de munitions ; les officiers sortant du génie, dans les colonnes de pontons, etc.

Il est évident en outre qu'on ne peut se procurer un aussi grand nombre de chevaux par les moyens ordinaires, c'est-à-dire avec les ressources des remontes ou des achats dans le commerce. On n'aurait d'ailleurs ainsi que des bêtes jeunes, non dressées et incapables d'un bon service de guerre. Il est d'absolue nécessité de demander ces animaux à l'agriculture et de choisir, parmi ceux qui sont employés au trait, les meilleurs.

Voici le moyen qui nous paraîtrait le plus convenable. En cas de mobilisation, tous les chevaux de trait sont réquisitionnés et rassemblés au chef-lieu du canton. Une commission, composée du maire, d'un notable, d'un officier de cavalerie ou d'artillerie et d'un officier du train, fixe le prix de tous les chevaux et en établit un contrôle spécial. L'État est tenu de payer le prix arrêté par la commission. Le prélèvement des chevaux a lieu, suivant les besoins, d'abord par l'artillerie, ensuite par le train.

Médecins militaires.

Le tableau n° 17 présente l'effectif des médecins nécessaires pour l'organisation que nous proposons.

Le nombre de ceux employés près des corps de troupes a été fixé dans les tableaux précédents : les aides-majors près des troupes de remplacement ou de dépôt sont pris parmi les médecins de la landwehr.

Déterminons maintenant le personnel des ambulances de campagne.

Nous avons dit, à propos du train, qu'il y avait par corps d'armée une direction des ambulances, trois ambulances de corps d'armée et trois ambulances de division.

La direction des ambulances comprend : 1 médecin principal, 1 médecin-major de 1re classe et un aide-major.

Les ambulances de corps d'armée et de division ont même composition : 1 médecin principal, 2 médecins-majors de 1re classe, 1 médecin-major de 2e classe et 10 médecins-adjoints pris parmi les aides-majors de 2e classe et les médecins de la landwehr.

Dans chaque corps d'armée se trouve un médecin d'armée ayant la direction générale du service et du personnel des médecins sous ses ordres. Il y a également un médecin d'armée en Algérie, et nous assurons même les besoins de ce 13e corps en médecins, dans le cas d'une mobilisation.

Le personnel destiné à former en guerre les ambulances de campagne serait employé en temps de paix dans les hôpitaux militaires, les Écoles militaires, l'École de Médecine et l'École d'application du Val-de-Grâce.

Cette organisation nécessite la création de : 6 médecins inspecteurs, 11 médecins principaux, 29 médecins-majors de 1re classe, 50 de seconde classe et 68 aides-majors de 1re classe. — On assurerait en outre un avancement normal et mérité au corps des médecins militaires dont le talent et le dévouement sont incontestables.

La mobilisation de tout le personnel est faite au moment d'entrer en campagne par les soins du médecin d'armée, sous le contrôle de l'intendant, et avec l'approbation du général commandant le corps d'armée.

Vétérinaires militaires.

Le cadre des vétérinaires militaires serait légèrement augmenté par suite du nombre plus grand des régiments de cavalerie. Il y aurait un vétérinaire principal par corps d'armée. Les vétérinaires nécessaires en cas de mobilisation seraient pris dans la landwehr. (Voir tableau n° 18.)

III. Organisation des services administratifs.

L'organisation des services administratifs aurait également pour base les corps d'armée, et chacun d'eux serait pourvu de tout le matériel et de tout le personnel qui lui est nécessaire en cas de mobilisation. Les magasins généraux de campement et d'habillement, en particulier, seraient supprimés et remplacés par des magasins de corps d'armée. Leur importance serait d'ailleurs considérablement diminuée si on adoptait les deux mesures que nous avons proposées, de donner aux troupes, même en temps de paix, tous les effets et ustensiles de campement; d'un autre côté, de laisser aux régiments ou bataillons eux-mêmes le soin de faire confectionner ou d'acheter les objets d'habillement et d'équipement nécessaires.

Tous les services administratifs seraient centralisés par corps d'armée entre les mains de l'intendant, qui serait chargé également d'en assurer la mobilisation en cas de besoin.

CHAPITRE VII.

I. RECRUTEMENT DE L'ARMÉE. — EXEMPTIONS. — DISPENSES. — EXONÉRATION. — CONSEILS DE RÉVISION. — ENGAGEMENTS VOLONTAIRES. — RENGAGEMENTS. — II. PASSAGE DES SOLDATS DANS LA RÉSERVE. — PASSE-MILITAIRE. — CERTIFICATS DE CONDUITE. — POSITION DES HOMMES DE LA RÉSERVE. — RÉSERVE DE REMPLACEMENT. — III. INSCRIPTION SUR LES CONTROLES DE LA LANDWEHR.

I. Loi de recrutement.

Nous avons indiqué dans le chapitre précédent l'ensemble des obligations militaires auxquelles doivent être astreints les citoyens.

Les incapacités morales édictées par la loi de 1832 sont maintenues.

Les exemptions pour incapacité physique ne sont accordées que dans le cas de difformité; les hommes de petite taille, mais bien constitués, ceux qui ont la vue faible, les jambes fortes ou cagneuses, peuvent être utilisés dans des services spéciaux, le train, les commis aux écritures, les boulangers, etc.

La dispense complète du service n'est accordée qu'à ceux qui se destinent à l'état ecclésiastique et qui, au moment de l'appel de leur classe, sont élèves dans un grand séminaire.

Des dispenses partielles peuvent être accordées aux jeunes gens qui se destinent à l'instruction publique et à ceux qui sont soutiens de famille.

Les jeunes gens qui, munis d'un diplôme de bachelier ou d'un brevet d'instituteur, s'engagent avant l'appel de leur classe à se vouer pendant dix ans à l'enseignement public, peuvent ne faire que six mois de service effectif. Les élèves de l'école normale supérieure qui, pendant leur séjour dans cet établissement, feront partie d'une classe appelée, auront la faculté de ne faire leur service qu'après l'achèvement complet de leurs études.

Un règlement spécial établira dans quelles conditions seront classés les soutiens de famille : la position de fils aîné de veuve, de père septuagénaire, etc., ne donnera accès à cette faveur que si l'individu doit bien, en réalité, subvenir aux besoins de ses parents et s'il habite sous le même toit. On sera très-sévère dans la constatation du droit, très-large pour conférer la dispense. Les dispensés ne seront astreints qu'à six mois de service effectif.

La mort d'un frère aîné sous les drapeaux donnera droit à la même faveur.

Tous les dispensés seront inscrits, à l'expiration de leurs six mois de service, dans la réserve dite de remplacement.

Les jeunes gens qui, lors de l'appel de leur classe, seront considérés comme faibles de constitution, devront se représenter au conseil de révision pendant trois années consécutives, et ce n'est qu'au bout de ce temps qu'il sera statué définitivement sur leur sort.

Les recrues désignées pour le service du train et comme brancardiers (chargés de ramasser les blessés sur le champ de bataille), pourront ne passer que six mois dans les bataillons du train, si les exigences du service le permet-

tent, *mais ils n'en compteront pas moins à l'effectif de ces corps et seront susceptibles d'être rappelés à l'activité pendant la durée de leurs sept ans.*

Exonération. Après avoir posé en principe que tout citoyen valide devait être astreint au service militaire personnel et ne pouvait s'en affranchir par voie de remplacement, il y a lieu de chercher à diminuer les inconvénients qui peuvent en résulter au point de vue des carrières professionnelles, en admettant la possibilité de se faire exonérer au bout d'un an de service effectif.

Là encore nous adopterons le système de la Prusse. Le nombre annuel des exonérations sera égal à celui des engagements volontaires dans l'année précédente, et le ministre de la guerre en fera la répartition entre les différents corps, en fixant le taux de l'exonération.

Les exonérés seront inscrits dans la réserve : l'argent serait en partie employé à améliorer le sort des sous-officiers et à leur donner une haute paye.

Conseils de révision. Les conseils de révision auraient la même composition et les mêmes attributions que par le passé et seraient juges en dernier ressort des cas d'exemption et de dispense.

Il n'y aurait plus de tirage au sort : les opérations du recrutement pour une classe se borneraient donc à l'établissement des listes du contingent, et à la révision des jeunes gens qui en feraient partie. Le ministre de la guerre, de concert avec son collègue de la marine, indiquerait la proportion affectée dans chaque district à la marine et aux armes spéciales, et, en même temps, l'époque de la mise en route du contingent. Les commandants des districts de landwehr rempliraient pour la répartition et la mise en route du contingent les fonctions des commandants de recrutement.

Engagements volontaires. Nous avons indiqué plus haut dans quelles conditions pouvaient avoir lieu les engagements volontaires d'un an.

Les objets nécessaires pour l'habillement, l'équipement et le harnachement sont fournis à l'engagé volontaire par les corps de troupes contre remboursement intégral. Les armes sont délivrées gratuitement.

Les engagés d'un an dans la cavalerie et l'artillerie doivent se monter à leurs frais et nourrir leur cheval. Ils peuvent également recevoir la ration des magasins de l'administration contre remboursement. Si l'engagé ne présente pas à la commission un cheval susceptible d'un bon service, il est alors remonté par le corps lui-même avec un cheval de l'État, et il a à payer 1/5 du prix moyen des chevaux d'officiers, à rembourser les fourrages, et une somme fixe pour la ferrure et les soins vétérinaires.

Les engagés volontaires d'un an portent un signe distinctif.

En cas de mobilisation, les engagés volontaires d'un an comptent dans l'effectif régulier du corps et reçoivent la solde et l'entretien de leur grade.

Dans certains cas exceptionnels, et dans une proportion très-restreinte, les commandants de corps d'armée autorisent l'admission en subsistance dans des corps d'infanterie des jeunes gens, munis du diplôme de bachelier, qui ne pourraient pas subvenir à leur entretien pendant leur année de service. Ils devraient néanmoins s'habiller et s'équiper à leurs propres frais.

Les engagements volontaires seraient ouverts à l'âge de 18 ans, pour deux ans dans l'infanterie et pour trois dans la cavalerie : ce serait un moyen de devancer l'époque réglementaire du service pour ceux qui ne pourraient prétendre à la faveur d'un engagement volontaire d'un an.

Tous les engagés volontaires seraient, à l'expiration de leur service actif, inscrits dans la réserve, et ils ne passeraient dans la landwehr qu'avec le contingent de leur classe.

Rengagements. Les rengagements ne sont admis en principe que pour les sous-officiers et pour un nombre restreint de soldats aptes à le devenir, dix par compagnie, escadron ou batterie. Les rengagements sont contractés pour une durée de un à cinq ans, et sont soumis à l'approbation du général commandant la division. Au bout de quatre ans de grade, les sous-officiers ont une première augmentation de solde, et une seconde au bout de huit ans de grade.

Les ordonnances des officiers sont autorisés à se rengager, mais sans augmentation de solde, et en tant qu'ils restent aptes au service de campagne.

II. Passage des soldats dans la réserve.

A leur sortie du service actif, les sous-officiers et soldats sont rayés des contrôles de leurs corps et inscrits sur ceux de la réserve par les soins des commandants des districts de landwehr. Les hommes de la réserve sont considérés comme étant en congé.

Avant de quitter leurs corps, ils doivent faire connaître le lieu où ils ont l'intention de se retirer, et se présenter dès leur arrivée au sergent-major du district de compagnie de landwehr correspondant.

Ils reçoivent à leur départ un PASSE-MILITAIRE qui sert plus tard, dans toutes les circonstances, à justifier de leur position sous le rapport du recrutement. Ces passes sont établis par les chefs de corps. Tous les renseignements particuliers, qui peuvent être de quelque intérêt dans le cas où l'homme rentrerait au service, doivent y être portés.

A côté du passe-militaire chaque soldat obtient un CERTIFICAT DE CONDUITE délivré par le commandant de la compagnie, escadron ou batterie, sur lequel il est fait mention de toutes les peines disciplinaires importantes et des condamnations judiciaires que l'homme a subies.

Le corps établit pour chacun des hommes qui quittent le service actif une feuille matricule individuelle, contenant exactement les mêmes renseignements que le passe-militaire et le certificat de conduite, et l'adresse directement au commandant du district de landwehr, qui l'inscrit sur les contrôles de la réserve et transmet la pièce au sergent-major de la compagnie où l'homme s'est retiré.

En cas de nouvel appel à l'activité, le feuillet matricule est renvoyé au corps qui le complète à la sortie de l'homme et l'adresse de nouveau à l'autorité de landwehr.

POSITION DES HOMMES DE LA RÉSERVE. *Les hommes inscrits dans la réserve peuvent être rappelés à l'activité pour des exercices annuels, pour des augmentations nécessaires d'effectifs, ou en cas de mobilisation. En principe, ils ne peuvent être astreints pendant leur séjour dans la réserve à plus de deux exercices qui ne doivent pas dépasser chacun huit semaines.*

Chaque appel au service compte comme un exercice.

Les lois ordinaires du pays leur sont applicables, et ils ne sont soumis dans le choix de leur résidence, dans l'exercice de leur profession ou de leurs droits de citoyen, et particulièrement pour leur mariage, à aucune restriction. Ils sont soumis à deux appels annuels, le 1er avril et le 1er octobre.

Les absences qui dépassent quinze jours sont annoncées au sergent-major de la compagnie de landwehr. Ceux que leur profession ou leur position oblige à des voyages périodiques peuvent être, sur leur demande, affranchis de cette obligation par le commandant du district de landwehr. Chaque homme qui s'absente doit désigner une personne à qui les ordres le concernant doivent être communiqués; il reste malgré cela responsable envers l'autorité militaire dans le cas où les ordres ne lui parviendraient pas. Les changements de résidence doivent être annoncés dans un délai de quinze jours, à la fois au sergent-major de l'ancienne résidence et à celui de la nouvelle.

Si une réunion d'exercice a lieu pendant qu'un réserviste est en voyage, il est inscrit pour l'année suivante. Les demandes de dispense pour motifs graves doivent être prises en considération autant que le permettent les intérêts du service.

Les autorités locales doivent prêter leur concours pour assurer l'inscription régulière des citoyens sur les contrôles de la réserve ou de la landwehr. A cet effet, lorsqu'un individu se trouvant en âge d'appartenir à l'une de ces catégories vient prendre résidence dans une localité, elles doivent se faire présenter par lui son passe-militaire, et s'assurer s'il appartient à la réserve, qu'il a fait sa déclaration de changement de résidence d'une manière régulière.

RÉSERVE DE REMPLACEMENT. *Cette réserve, formée des dispensés de toutes les classes, n'est astreinte ni à des appels réguliers, ni aux exercices des autres hommes de la réserve. Ils peuvent s'absenter sans autorisation et doivent seulement faire les déclarations prescrites en cas de changement de résidence.*

Ils ne peuvent être appelés à l'activité que dans le cas d'une mobilisation générale et ils forment alors les troupes de remplacement ou de garnison.

Le passe-militaire qu'ils reçoivent au bout de leurs six mois de service porte la mention : Passé dans la réserve de remplacement.

III. Inscription sur les contrôles de la landwehr.

Le passage de la réserve dans la landwehr a lieu au moment des deux appels semestriels, et mention en est faite sur les registres des commandants des districts de landwehr et sur les passes-militaires des hommes.

Les dispensés qui proviennent de la réserve de remplacement et ceux qui depuis la révision sont devenus soutiens de famille, peuvent être reculés de une ou plusieurs classes, sur la décision du conseil de révision. Ils continuent de figurer sur les listes à leur place régulière, mais avec une annotation qui est portée également sur leur passe.

Les fonctionnaires civils sont en principe tenus de satisfaire à toutes leurs obligations militaires, même dans la landwehr.

En cas de mobilisation, le conseil de révision décide quels sont ceux qui doivent être maintenus dans leurs fonctions, dans l'intérêt même de leur service spécial.

Les réformes pour tous les militaires qui n'appartiennent point à l'armée active, sont prononcées, comme par le passé, par des commissions mixtes départementales.

CHAPITRE VIII.

AVANCEMENT.

I. OFFICIERS. — L'INSTRUCTION SEULE EN TEMPS DE PAIX DONNE DES DROITS POUR DEVENIR OFFICIER. — CHOIX DES SOUS-LIEUTENANTS : ÉLÈVES DES ÉCOLES MILITAIRES, ENSEIGNES AYANT PASSÉ L'EXAMEN D'OFFICIER. — LES CANDIDATS OFFICIERS DES CORPS DE TROUPES SONT SOUMIS A L'ACCEPTATION DU CORPS DES OFFICIERS. — PROMOTION AUX GRADES SUPÉRIEURS. — DOUBLE PRINCIPE : ANCIENNETÉ, APTITUDE DU CANDIDAT. — MODIFICATION DE LA LOI SUR L'ÉTAT DES OFFICIERS. — RETRAITES PROGRESSIVES. — AVANCEMENT AU CHOIX LIMITÉ AUX OFFICIERS D'ÉTAT-MAJOR ET AUX OFFICIERS EMPLOYÉS DANS LES ÉCOLES MILITAIRES. — SUPPRESSION DE LA LIMITE D'AGE. — CADRE DE RÉSERVE ET RETRAITE POUR LES OFFICIERS GÉNÉRAUX. — II. AVANCEMENT AUX GRADES DE SOLDAT DE PREMIÈRE CLASSE ET DE SOUS-OFFICIER. — III. RÉCOMPENSES.

Avancement. — I. Officiers.

Principe : L'instruction seule en temps de paix donne des droits pour devenir officier.

Les sous-lieutenants sont pris exclusivement parmi les élèves des écoles militaire et polytechnique, et parmi les enseignes des corps de troupe.

Tous les engagés volontaires d'un an avant leur sortie du service, et aussi les appelés munis d'un diplôme de bachelier et ayant un an de service effectif, pourraient se présenter pour l'examen d'enseigne porte-épée.

Une commission spéciale, composée d'un officier supérieur de chaque arme, se réunirait au chef-lieu de la division, sous la présidence du général commandant la division, et se prononcerait sur l'aptitude des candidats.

Chacun d'eux présenterait un certificat de son chef de corps constatant sa conduite, son zèle dans le service, le degré de ses connaissances militaires, et s'il peut avoir espoir d'avancement.

Dans le cas où le nombre des candidats bacheliers serait insuffisant pour les besoins, on pourrait faire passer à ceux qui ne le seraient point un examen scientifique et littéraire sur le programme du baccalauréat, en supprimant tout ce qui a trait au latin, au grec et à certaines sciences spéciales.

Les candidats qui auraient fait preuve de maturité seraient nommés enseignes porte-épée.

Ceux qui désireraient continuer leur carrière militaire rentreraient à leurs corps; les autres seraient inscrits dans la réserve et pourraient, comme nous l'indiquerons plus loin, obtenir un brevet d'officier de landwehr.

Les enseignes des corps de troupes font le service de sous-officier et ont le même uniforme; ils portent l'épée et la dragonne d'officier. Ils continuent de s'instruire dans les choses du métier, tout en développant leurs connaissances générales.

Au bout de deux ans de grade (1), les enseignes sont admis à passer l'examen d'officier devant une commission

---

(1) Les enseignes nommés sous-lieutenants, auraient donc au moins 3 ans de service.

de corps d'armée présidée par le général commandant ce corps, et composée d'une manière analogue à la précédente.

L'autorisation de passer l'examen est donnée aux enseignes par leurs chefs de corps. Si pour cause d'incapacité, d'inconduite ou autre motif, le chef de corps croit devoir la refuser, il en rend compte au général commandant la division qui prononce. — Si la décision est maintenue, l'enseigne est classé dans la réserve.

L'examen pour officier porte seulement sur les sciences militaires et a pour base le programme un peu restreint des cours professés à l'École spéciale militaire.

Les enseignes ne peuvent être admis plus de deux fois à cet examen : s'ils ne réussissent pas à la seconde, ils sont classés dans la réserve.

Pour l'examen des enseignes de l'artillerie et du génie, la commission supérieure d'examen s'adjoint deux nouveaux membres, de chacune de ces armes, qui forment avec les deux premiers un comité consultatif.

Le corps des officiers du train se recrute parmi les officiers d'infanterie ou de cavalerie, l'avancement au grade d'enseigne et de sous-lieutenant ne pouvant s'y faire dans les mêmes conditions que dans les autres armes.

Une liste des enseignes qualifiés pour officier est établie dans chaque corps et on y puise, en suivant le rang d'ancienneté, d'après les besoins.

Mais avant d'être nommé définitivement, l'enseigne doit subir le *choix des officiers du corps*. Si la majorité vote pour l'admission, la proposition est transmise; dans le cas contraire, le candidat est exclu et il en est rendu compte au ministre de la guerre (1).

---

(1) Les élèves sortant des écoles et qui sont inconnus dans les corps où ils sont placés, ne peuvent être soumis au choix du corps d'officiers; ils présentent d'ailleurs les garanties voulues d'instruction et de moralité.

En temps de guerre, la bravoure et les services rendus créent aux sous-officiers des droits pour devenir officiers et ils peuvent être nommés sous-lieutenants sans examen préalable.

Promotion aux différents grades. Double principe : ancienneté et aptitude du candidat. L'avancement se fait jusqu'au grade de capitaine : par régiment, dans l'infanterie et la cavalerie ; par brigade, dans l'artillerie ; par bataillon, pour les chasseurs, les troupes du génie et le train ; pour le grade d'officier supérieur et au-dessus, il a lieu sur toute l'armée.

L'avancement est donné en principe à l'ancienneté, mais après que l'aptitude de l'officier a été constatée. D'un autre côté, l'officier que son ancienneté appelle à avoir un grade supérieur et qui n'est pas jugé capable de le remplir, doit quitter l'armée.

Il importe que cette épuration successive ait lieu surtout dans les grades de sous-lieutenant et lieutenant, afin de ne point briser des carrières qui s'appuieraient sur de longues années de services. — Malgré les garanties, plus grandes que par le passé, que présenteraient les jeunes officiers, il peut arriver qu'un certain nombre de sous-lieutenants et de lieutenants ne répondent pas par leur travail, leur zèle dans le service, leur conduite, à ce qu'on est en droit d'attendre d'eux, ou qu'ils n'aient pas les capacités spéciales suffisantes pour pouvoir obtenir un grade supérieur. Il faut alors, dans leur propre intérêt autant que dans celui de l'armée, les rendre le plus tôt possible à la vie civile. Ils seraient alors classés comme officiers de landwehr.

Les inspecteurs généraux, c'est-à-dire les commandants des divisions et des corps d'armée auraient pour mission importante de proposer chaque année au ministre de la guerre le passage dans la landwehr des officiers qui ne donneraient pas des garanties suffisantes pour l'avenir. Les officiers sortant des Écoles militaires ne seraient qu'exceptionnellement soumis à cette mesure et seraient l'objet d'une décision toute spéciale du ministre. Il en résulterait de très-grands avantages pour l'armée : on formerait ainsi un grand nombre de jeunes officiers qui auraient une certaine expérience et une certaine pratique du métier, et en outre on éviterait de laisser trop longtemps les bons officiers dans le grade de sous-lieutenant et de lieutenant.

Les officiers ainsi remerciés pourraient d'ailleurs recevoir une compensation par un emploi civil.

La loi actuelle sur l'état des officiers ne serait, selon nous, *appliquée qu'à partir du grade de capitaine : le grade deviendrait alors seulement la propriété de l'officier.*

L'avancement au grade de commandant serait, toujours d'après le même principe, donné à l'ancienneté, mais les capitaines qui ne seraient pas jugés aptes à remplir ces fonctions, devraient quitter l'armée active pour passer dans un service spécial, commandant d'un district de landwehr ou d'un établissement de remonte, ou enfin prendre leur retraite.

Dans ce but, les *retraites* seraient *progressives* et le minimum serait acquis à 15 ans de services effectifs. Les officiers qui seraient mis à la retraite d'office ou qui la demanderaient eux-mêmes, sans être reconnus impropres au service, resteraient jusqu'à l'âge de quarante ans, à *disposition*, c'est-à-dire qu'ils pourraient être rappelés au service dans la landwehr.

Les mêmes principes seraient suivis pour la nomination au grade de lieutenant-colonel et colonel : un certain nombre de positions spéciales de commandant de district de landwehr ou de remonte serait réservé pour des officiers du grade de commandant.

Les colonels et généraux de brigade ne peuvent être nommés généraux de brigade et de division qu'après en avoir exercé les fonctions au moins pendant deux ans et avoir été reconnus aptes à les remplir. Ils touchent, outre la solde de leur grade, les accessoires et les frais de représentation alloués à la fonction qu'ils remplissent. Au bout de deux ans, et, d'après les vacances, ils sont nommés au grade supérieur ou admis à la retraite. Les généraux de brigade peuvent être admis au cadre de réserve.

La proportion des généraux sortant de l'état-major serait très-grande, et ces officiers recevraient indistinctement des commandements dans les trois armes. La même mesure s'étendrait, mais d'une manière moins générale, aux officiers sortant des armes spéciales, de l'infanterie et de la cavalerie, qui seraient employés suivant leurs aptitudes et non en raison de l'arme d'où ils sortent.

Avancement au choix seulement pour l'état-major et les officiers employés dans les écoles militaires. L'avancement des officiers d'état-major aurait lieu en dehors des principes ci-dessus indiqués, au choix et en dehors de toute règle fixe. On s'attacherait à récompenser uniquement le mérite, en accélérant l'avancement de ces officiers. On produirait fréquemment des vacances dans le corps d'état-major en envoyant des colonels et lieutenants-colonels dans les différentes armes : ils pourraient avancer à leur tour dans leur nouvelle arme et rentrer ensuite dans le corps d'état-major, où on les rappellerait suivant les besoins.

Les officiers employés dans les écoles militaires pourraient également avancer en dehors de leur tour d'ancienneté : c'est le seul moyen d'avoir de bons professeurs. Ils rentreraient dans le service actif en prenant le grade supérieur.

Suppression de la limite d'âge. Si l'armée a un intérêt immense à se débarrasser des officiers incapables ou qui ne sont pas propres au service de guerre, elle n'en a pas un moins grand à conserver ceux dont les connaissances et les lumières s'appuient sur l'expérience ; aussi la limite d'âge dans chaque grade doit-elle être supprimée.

Les officiers de tout grade restent en activité tant qu'ils conservent une vigueur physique et une énergie morale suffisantes pour pouvoir faire campagne. Les inspecteurs généraux proposent annuellement pour la retraite ceux qui ne remplissent plus ces conditions.

Observons d'ailleurs qu'avec la loi d'avancement que nous proposons, la limite actuelle ne sera même pas atteinte : un capitaine sera toujours appelé par son ancienneté à être chef de bataillon ou d'escadron avant 53 ans, à être lieutenant-colonel avant 56, etc.

Cadre de réserve et de retraite pour les officiers généraux. Les officiers généraux qui, n'étant plus en état de supporter les fatigues de la guerre, pourraient encore exercer un commandement à l'intérieur, seraient placés dans le cadre de réserve. En cas de mobilisation, ils remplaceraient dans leurs attributions territoriales, les généraux commandant des corps d'armée, des divisions et des brigades.

Ceux que leurs infirmités rendraient incapables d'un pareil service seraient admis à la retraite.

II. Avancement aux grades de soldat de 1re classe et de sous-officier.

Au bout de six mois de service, les soldats qui se font remarquer par leur zèle, leur bonne conduite et leurs aptitudes militaires peuvent être nommés soldats de 1re classe. Leur nombre par compagnie, escadron ou batterie, est double de celui des sous-officiers. Ils reçoivent une solde plus forte.

Après un an de service, tout soldat peut être nommé sous-officier : les quatre plus anciens, par compagnie, escadron ou batterie, portent le titre de sergent ou de maréchal des logis et ont un signe distinctif. Les sous-officiers obtiennent une première augmentation de solde au bout de quatre ans de grade, une seconde au bout de huit ans.

Le fourrier et le sergent-major sont pris autant que possible parmi les plus anciens sous-officiers. Le fourrier remplace le sergent-major absent et porte également le titre de sergent ou de maréchal des logis. Le sergent-major a le sabre et la dragonne d'officier.

Les nominations aux grades de soldat de 1re classe, de sous-officier, de sergent, de sergent-fourrier et de sergent-major, sont faites par le commandant du régiment, sur la proposition du commandant de la compagnie, escadron ou batterie.

Au bout de quinze ans de service, les sous-officiers peuvent passer dans la landwehr comme sergents-majors de compagnie; s'ils préfèrent quitter la carrière militaire, ils ont droit à un emploi civil.

Le droit de cassation et de suspension des sous-officiers est réglé, comme par le passé, par l'ordonnance du 2 novembre 1833.

III. Récompenses.

La médaille militaire est supprimée comme institution : les titulaires actuels continuent à jouir des avantages qui leur étaient attribués.

L'admission et les promotions dans la Légion d'honneur sont les seules récompenses honorifiques militaires. La croix de chevalier n'est plus donnée pour ancienneté de service, mais pour le mérite personnel, et particulièrement pour actions sur le champ de bataille.

Les différents grades dans la Légion d'honneur peuvent être conférés sans tenir compte du grade du titulaire.

La dotation affectée à chacun de ces grades est maintenue.

Dans l'étude des éléments de notre système militaire viendrait se placer maintenant l'*instruction*. Ce sujet exigerait à lui seul un volume et nous le réservons. La nécessité d'une transformation complète de nos règlements sur les manœuvres, sur le service en campagne est impérieuse : il faudrait également faire un précis de la tactique des différentes armes dans les combats.

L'instruction donnée aux troupes, en dehors des manœuvres théoriques, doit avoir pour but de les préparer à la guerre et nous avons dit que leur rôle en campagne se résumait dans ces trois mots : *camper, marcher, combattre*.

(Se reporter à ce que nous avons écrit dans le chapitre II sur l'instruction tactique des différentes armes.)

CHAPITRE IX.

ORGANISATION DE LA LANDWEHR.

I. COMPOSITION DE LA LANDWEHR. — DISTRICTS DE BATAILLON ET DE COMPAGNIE. — PERSONNEL DES DISTRICTS. — INSTRUCTION, HABILLEMENT ET DISCIPLINE. — CADRES DE LA LANDWEHR. — II. MOBILISATION DES BATAILLONS. — OFFICIERS DE LANDWEHR N'APPARTENANT PAS A L'INFANTERIE. — MÉDECINS, VÉTÉRINAIRES, INGÉNIEURS. — III. TROUPES DE GARNISON.

I. Composition de la landwehr.

Les hommes qui ont servi sept ans dans l'armée active passent dans la landwehr, où ils restent cinq ans et forment par conséquent cinq classes.

Les engagés volontaires n'étant libérés du service actif qu'avec les soldats de leur classe, il en résulte que la landwehr comprend tous les hommes valides de 27 à 32 ans.

Les hommes de la landwehr continuent à appartenir à l'arme dans laquelle ils servaient lorsqu'ils faisaient partie de l'armée active.

Les chasseurs à pied, la cavalerie, l'artillerie, le génie et le train n'ont point d'organisation à part. Ils sont inscrits sur les contrôles de la landwehr, mais en cas de mobilisa-

tion de l'armée ou d'appel pour de grandes manœuvres, ils sont réincorporés dans leur arme respective.

Les cavaliers de la landwehr peuvent être employés également comme conducteurs de l'artillerie et du train.

DISTRICTS DE BATAILLON ET DE COMPAGNIE.

L'organisation de la landwehr a pour base le territoire qui est partagé en districts de bataillon de landwehr, et nous avons vu qu'à chaque régiment d'infanterie de ligne correspond un régiment de landwehr de deux bataillons portant le même numéro. En cas de mobilisation, chaque district fournit un bataillon de landwehr.

Il existe dans chaque district de bataillon de landwehr un cadre qui en paix est chargé de toutes les opérations relatives à la formation de la landwehr, à son habillement et équipement, à l'entretien enfin des objets de réserve en magasin.

Ces districts servent en outre de base pour le recrutement de l'armée régulière et les commandants de ces districts, qui prennent part aux opérations du conseil de révision, sont chargés de faire la répartition par arme des hommes de chaque contingent. Ils tiennent aussi le contrôle des hommes de la réserve.

L'étendue des districts varie avec la densité de la population, dont le chiffre doit être pour tous à peu près le même. S'il y a une légère différence, on prélève dans les districts les plus faibles moins d'hommes pour les armes spéciales. En cas de guerre, la landwehr fournit d'abord aux régiments de l'armée active les hommes complémentaires qui leur sont nécessaires, et ceux-ci sont pris parmi les plus jeunes classes ; puis un bataillon de landwehr pro-

prement dite par district; enfin elle fournit les hommes des bataillons de remplacement et de garnison qui sont choisis de préférence dans les classes les plus anciennes.

Chaque district de bataillon est partagé en districts de compagnie, quatre en moyenne; il peut varier de 3 à 6 en raison de la difficulté des communications et de l'étendue des districts de bataillon. Les cantons ne peuvent être scindés dans cette répartition : il n'est pas indispensable en effet que les districts de compagnie aient tous la même population. On choisit de préférence pour centre de compagnie les localités les plus fréquentées et dont l'accès est en même temps facile.

PERSONNEL DES DISTRICTS DE LANDWEHR.

Le personnel de chaque district de bataillon de landwehr comprend :

1 chef de bataillon d'infanterie commandant du district et du bataillon de landwehr;

1 adjoint du grade de lieutenant d'infanterie;

1 sergent-major par district de compagnie.

En outre, pour l'exécution des détails de comptabilité, d'entretien des magasins, et au besoin pour l'instruction, il y a sous les ordres directs du commandant : cinq sous-officiers (dont 2 sergents), et huit hommes de service.

Les officiers, sous-officiers et soldats employés dans ce service spécial touchent un supplément de solde (1).

Les commandants des districts de landwehr sont sous les ordres du commandant de la brigade d'infanterie et du

---

(1) En Prusse les commandants des districts de bataillon ont un supplément de fr. 112.50 par mois et des frais de bureau de 45 francs.

commandant de la division d'infanterie, qui ont le contrôle et la direction supérieure pour tout ce qui regarde la landwehr et les hommes en congé.

Les commandants de districts doivent obtempérer à toutes les demandes qui leur sont adressées dans un intérêt de service. Ils adressent périodiquement aux généraux commandant les brigades ou divisions, l'état, par arme, des militaires de leur district appartenant à l'armée active et à la landwehr.

Les commandants de district sont nommés par le ministre de la guerre; les lieutenants adjoints sont pris dans les régiments d'infanterie correspondants, sur la proposition des généraux commandant les divisions et les corps d'armée.

Le personnel inférieur est nommé, sur la présentation des commandants des districts, par le général commandant la brigade.

INSTRUCTION, HABILLEMENT ET DISCIPLINE.

Les hommes appartenant à l'infanterie de ligne peuvent, pendant leur séjour dans la réserve, être appelés deux fois, de 8 à 14 jours, pour des exercices de compagnie ou de bataillon, et particulièrement pour se perfectionner dans le tir. Ceux qui sortent des chasseurs à pied, de l'artillerie, du génie ou du train, sont exercés dans les mêmes conditions que l'infanterie et avec les détachements de cette arme.

Ces exercices ont lieu au printemps ou à l'automne.

L'habillement, l'équipement et l'armement des hommes de la landwehr sont exactement les mêmes que ceux de la ligne : ils ont seulement un signe distinctif à la coiffure.

Les règlements de police militaire, ci-dessus mentionnés pour les hommes de la réserve, sont applicables à la landwehr. Ils peuvent s'absenter sans prévenir le sergent-major de leur district et doivent seulement donner avis de leurs changements de résidence.

Des cadres de la landwehr. Les engagés volontaires d'un an, qui ont l'aptitude militaire convenable peuvent, à leur passage dans la landwehr, être nommés sous-officiers.

Les sous-officiers de l'armée active, qui se retirent du service avant l'âge de 32 ans, conservent leur grade dans la landwehr. Enfin, on choisit tous les ans dans chaque compagnie, trois hommes intelligents et zélés, qui reçoivent un supplément d'instruction, ce dont il est fait mention sur leur passe militaire, et qui en entrant dans la landwehr peuvent être également nommés sous-officiers.

Les volontaires d'un an, qui ont subi l'examen pour enseigne porte-épée et ont été nommés à ce grade, sont appelés l'année suivante aux exercices de landwehr, et s'ils font preuve d'aptitude, ils sont proposés pour officiers. Ils subissent alors le choix des officiers de landwehr du bataillon et dans le cas d'acceptation, une proposition est adressée au ministre de la guerre.

Le commandant du bataillon de landwehr ne doit présenter au choix des officiers que des candidats ayant une situation indépendante et s'étant acquis par leur conduite et leur caractère de la considération aux yeux de leurs concitoyens.

Les officiers qui sont mis en retraite à disposition peuvent également faire partie des cadres de la landwehr, après avoir subi le choix du corps d'officiers. Ils doivent, en fixant leur résidence, se présenter au commandant du district de landwehr, s'ils sont officiers subalternes, au général commandant la brigade, s'ils sont officiers supérieurs.

Enfin, les sous-officiers de l'armée active, qui ont été classés dans la réserve ou dans la landwehr, peuvent être admis à passer un examen pour officier de landwehr. Cet examen aurait lieu au chef-lieu de la division, en même temps que pour enseigne ; le programme en serait arrêté à l'avance et ne porterait que sur des matières d'instruction générale ou spéciales au métier militaire. L'autorisation de passer l'examen serait donnée par le commandant du district de landwehr, et le sous-officier ayant satisfait à l'examen, aurait à subir le choix des officiers du corps avant d'être proposé au ministre pour le grade d'officier de landwehr.

Nous avons dit également qu'un certain nombre d'officiers de toutes armes, du grade de sous-lieutenant et lieutenant dans l'armée active, pourraient être classés d'office dans la landwehr.

Chaque officier prend rang dans le bataillon de landwehr du jour de sa nomination comme sous-lieutenant. Les lieutenants et sous-lieutenants venant des corps de la ligne, ainsi que les officiers à disposition conservent leur ancienneté.

L'avancement a lieu, dans chaque bataillon de landwehr, pour les grades de lieutenant et de capitaine, d'après l'ancienneté. Chaque officier est promu au grade supérieur en même temps que ceux d'une ancienneté correspondante dans la ligne.

Les officiers ne sont rayés des contrôles de la landwehr qu'après 40 ans accomplis.

L'avancement dans la landwehr ne peut avoir lieu en temps de paix que jusqu'au grade de capitaine ; en guerre, il peut aller plus loin.

Les états-majors de régiment et de bataillon ne sont formés qu'au moment même de la mobilisation, par des officiers supérieurs de l'armée active, pourvus temporairement de commandements dans la landwehr.

La landwehr (sauf les officiers et sous-officiers employés dans les districts de bataillon ou de compagnie), ne reçoit de solde qu'en cas de rassemblement.

II. Mobilisation des bataillons.

En cas de mobilisation, les commandants des districts de landwehr font tous les travaux préparatoires pour la formation de leur bataillon respectif : ils établissent les cadres des compagnies en officiers, sous-officiers, tambours et clairons, convoquent ceux-ci à jour fixe au chef-lieu du district, et tiennent prêts les effets d'habillement, d'équipement, ainsi que les armes et munitions nécessaires.

Au plus tard, la veille du jour fixé pour la réunion générale du bataillon, le commandant du district de landwehr remet à l'officier chargé du commandement du bataillon tous ces effets, armes, munitions, après en avoir dressé un inventaire exact.

Les hommes sont réunis à la date indiquée par le commandant du district de landwehr, qui en fait l'appel, les forme provisoirement par compagnie, et les remet ensuite au commandant du bataillon qui s'occupe alors de l'habillement et de l'armement.

Le commandant du district de landwehr adresse au commandant du bataillon une réquisition pour que les punitions qu'il a infligées aux hommes fautifs soient exécutées au corps.

Dans le cas de dissolution du bataillon, le commandant du bataillon retire les effets, armes et munitions de ses hommes, et les livre après un nettoyage préalable au commandant du district de landwehr. Dans ce but, un sous-officier et deux hommes sont retenus quarante-huit heures après la dislocation du bataillon.

Les punitions restant à faire sont à la diligence du commandant du district sur une réquisition régulière du commandant du bataillon.

Ces deux officiers supérieurs doivent se prêter, dans le cours de toutes ces opérations, un mutuel appui.

Officiers de landwehr n'appartenant pas à l'infanterie. Tous les officiers de landwehr qui n'appartiennent pas à l'infanterie, c'est-à-dire les officiers de cavalerie, d'artillerie, du génie et du train forment, par district, un corps d'officiers à l'acceptation duquel doivent être soumis les candidats au grade d'officier dans ces armes.

Les officiers du train se recrutent parmi les officiers de toutes armes ayant l'aptitude nécessaire et parmi les sous-officiers sortant de la cavalerie ou de l'artillerie.

Médecins, vétérinaires, ingénieurs. Les médecins munis du diplôme de docteur, les vétérinaires brevetés, les ingénieurs sortant de l'école polytechnique, etc., sont astreints à toutes les obligations du service militaire jusqu'à l'âge de 32 ans. Mais ils peuvent en éviter les charges, soit dans la réserve, soit dans la landwehr, en se faisant inscrire les premiers comme médecins et vétérinaires de la landwehr, les seconds comme officiers d'artillerie ou de génie de landwehr. Ces derniers ayant deux ans de présence effective dans une école militaire peuvent être nommés de suite sous-lieutenants de landwehr, sans examen préalable et sans subir le choix du corps d'officiers.

En cas de mobilisation, le médecin en chef de chaque corps d'armée répartit les médecins de landwehr suivant les besoins du service; les vétérinaires sont employés principalement dans le train sur la proposition du commandant du bataillon, et reçoivent une lettre de service du général commandant le corps d'armée.

III. Troupes de garnison.

Chaque district de bataillon de landwehr forme, outre un bataillon mobile, un bataillon dit de garnison, destiné à former soit la garnison des places fortes de l'intérieur, soit à occuper les villes conquises en pays ennemi sur les derrières de l'armée.

Ces bataillons ont la même composition et le même effectif que les bataillons de la ligne.

CHAPITRE X.

RÉSUMÉ DES OPÉRATIONS EN CAS DE MOBILISATION
DE L'ARMÉE.

I. AUTORITÉS ET TROUPES MOBILES. — II. AUTORITÉS ET TROUPES
DE REMPLACEMENT ; BATAILLONS DE GARNISON.

Principes généraux pour la mobilisation de l'armée.

L'ordre de mobilisation de l'armée est donné par le ministre de la guerre, qui désigne en même temps les commandants d'armée et un général en chef de toutes les armées, s'il y a lieu, et leur constitue les états-majors nécessaires.

Chaque général commandant de corps d'armée est chargé de l'exécution de cet ordre et assure la mobilisation de son corps d'armée. Sous ses ordres, les généraux commandant les divisions d'infanterie, de cavalerie et la brigade d'artillerie, mobilisent leurs troupes ; l'intendant du corps d'armée, avec le concours du médecin d'armée et du commandant du train, mobilise les services administratifs ; les commandants des places fortes effectuent l'armement de guerre des forteresses.

Les autorités de commandement et d'administration, comme les troupes elles-mêmes, se partagent en deux catégories : d'un côté, les autorités de commandement et d'administration mobiles et les troupes de campagne; de l'autre, les autorités de commandement et d'administration immobiles ou de remplacement, les troupes de remplacement et les troupes de garnison.

I. Autorités et troupes mobiles.

Toutes les autorités de commandement et d'administration, fonctionnant en paix près les corps de troupes, deviennent mobiles, en même temps que ces derniers, et sont remplacées dans leurs fonctions territoriales, comme nous l'indiquerons plus loin.

Le nombre des officiers d'état-major, attachés à chaque commandement, est doublé : on fait dans ce but rentrer dans ce service spécial tous les officiers ayant le titre d'officiers d'état-major et qui seraient employés dans les corps. Le nombre des aides de camp est également augmenté.

L'état-major d'un général commandant un corps d'armée comprend :

1° L'état-major du corps d'armée : un colonel, un lieutenant-colonel, deux chefs d'escadron et quatre capitaines;

2° Six aides de camp : un capitaine et deux lieutenants d'infanterie, un capitaine et deux lieutenants de cavalerie;

3° Le général commandant la brigade d'artillerie, avec un état-major comprenant un chef d'escadron et un capitaine, plus un lieutenant aide de camp;

4° Un colonel ou lieutenant-colonel du génie, pris dans les directions, ayant comme adjoints un chef de bataillon et un capitaine ;

5° Le commandant du bataillon du train et un adjudant-major ;

6° Un escadron d'escorte, pris dans la division de cavalerie ;

7° Un détachement de gendarmerie de campagne ;

8° L'intendant militaire du corps d'armée.

Une division d'infanterie se compose de :

1° l'état-major
- Général comman^t la division.
- État-major de la division. { 1 lieuten.-colonel. 1 chef d'escadron. 2 capitaines.
- Aides de camp. | 2 lieutenants.

2° Deux brigades d'infanterie, 7 bataillons ;

3° Un régiment de cavalerie légère, 4 escadrons ;

4° Une division d'artillerie montée, 4 batteries, 24 pièces ;

5° Un détachement du train et d'administration.

Des détachements de pionniers peuvent être attachés, suivant les besoins, aux divisions détachées.

La division de cavalerie se compose de deux brigades de deux régiments. Nous avons dit que les divisions de cavalerie légère seraient réunies en corps de cavalerie de plusieurs divisions, — et qu'il nous paraissait avantageux de ne pas laisser à chaque corps d'armée sa division de cavalerie pour agir isolément.

La réserve d'artillerie, sous le commandement direct du colonel, comprend : 4 batteries montées et 3 batteries à cheval; en tout, 7 batteries, 42 pièces, plus les colonnes de munitions.

Le train se compose, outre l'état-major, de cinq colonnes d'approvisionnements, d'une colonne de boulangerie de campagne, d'un dépôt de chevaux, de trois compagnies de brancardiers et de six ambulances.

Les administrations d'un corps d'armée se composent de :

1° l'intendance mil^re
- 1 intendant du corps d'armée.
- 4 intendants de division (sous-intendants), un pour chaque division d'infanterie, un pour la réserve d'artillerie, un pour la division de cavalerie, ou si celle-ci est détachée, pour des services spéciaux.
- 8 adjoints.

2° Service de l'approvisionnement de campagne.
- 1 employé supérieur d'approvisionnements.
- 4 employés id.
- 1 employé de la boulangerie de campagne.

3° Le personnel médical des ambulances;
5° Le service du Trésor et des postes;
6° Les aumôniers militaires.

Les *corps de troupes*, dès que l'ordre de mobilisation a été promulgué, rappellent leurs réserves en hommes, et, au besoin puisent dans la landwehr pour compléter leurs effectifs. L'artillerie et le train réquisitionnent en outre les chevaux de trait de l'agriculture. — Chaque corps forme ses troupes de remplacement d'après un état qui doit être établi en temps de paix et soumis à l'approbation des généraux commandant les divisions. Les promotions réglementaires nécessaires sont faites et les officiers titulaires de nouveaux grades reçoivent une lettre de service provisoire du commandant du corps d'armée, laquelle est remplacée plus tard par un brevet ministériel.

La landwehr est également mobilisée : les régiments de ligne fournissent aux régiments correspondants de landwehr deux chefs de bataillon et un lieutenant-colonel.

Les hommes de la landwehr, qui n'appartiennent pas à l'infanterie, sont versés dans leurs anciens corps suivant les besoins ou servent à compléter l'effectif du train.

II. Autorités et troupes de remplacement.

Les autorités de commandement et d'administration devenues mobiles sont *remplacées* dans leurs fonctions par des généraux ou des fonctionnaires de l'intendance pris dans le cadre de réserve ou à la retraite. Ces derniers héritent de toutes les attributions des titulaires auxquels ils succèdent, particulièrement en ce qui concerne les affaires territoriales, les troupes de remplacement ou de garnison, la levée de nouvelles classes, etc.

La séparation des attributions et des affaires doit avoir lieu le plus tôt possible après la promulgation de l'ordre de mobilisation.

Les troupes de remplacement sont formées : dans chaque régiment d'infanterie, par un bataillon ; dans chaque bataillon de chasseurs, du génie ou du train, par une compagnie ; dans chaque régiment de cavalerie par un escadron ; dans chaque régiment d'artillerie de campagne par une division de 4 batteries montées.

Les bataillons de remplacement peuvent être également enrégimentés, puis former des brigades et divisions, mais le plus souvent ils sont employés uniquement à combler les vides qui se produisent dans les troupes mobiles.

Les régiments de landwehr seuls sont appelés à former de nouveaux corps dont l'artillerie est fournie par les batteries de remplacement et auxquels on attache quelques escadrons détachés des corps de cavalerie de l'armée régulière.

Chaque district de landwehr enfin forme un *bataillon de garnison*, ainsi que nous l'avons indiqué ci-dessus.

CHAPITRE XI.

NOTRE SYSTÈME RÉPOND-IL AUX EXIGENCES MILITAIRES ET ÉCONOMIQUES.

I. IL PERMET EN TEMPS DE GUERRE L'UTILISATION DE TOUTES LES FORCES MORALES ET PHYSIQUES DE LA NATION. — LES DIVERS ÉLÉMENTS TACTIQUES Y ENTRENT DANS UNE PROPORTION NORMALE. — II. EN TEMPS DE PAIX, IL ALLÈGE LES CHARGES MILITAIRES ET EST SUFFISANT POUR ASSURER L'INSTRUCTION DES CITOYENS. — IL SE PRÊTE A UNE MOBILISATION RAPIDE. — III. ENFIN, IL EST ÉCONOMIQUE. — IV. LA FRANCE PEUT-ELLE ABDIQUER SON RÔLE DE PUISSANCE MILITAIRE DE PREMIER ORDRE ?

Notre système répond-il aux exigences militaires et économiques ?

Nous ne nous sommes préoccupé jusqu'ici, dans la constitution de notre système militaire, que de mettre en concordance l'organisation de l'armée avec celle du recrutement, et de former des éléments tactiques solides, avec des cadres nombreux et de forts effectifs.

Nous nous sommes appuyé, pour notre division territoriale, sur des données statistiques basées sur trente années d'observation et d'application du même système en Prusse. Quant au personnel, nous avons cherché à assurer largement les besoins du commandement, sans songer à la question économique.

Examinons maintenant l'ensemble : voyons si, sur le pied de guerre il donne à la France une puissance suffisante, si en paix il n'est point écrasant pour nos finances.

Hâtons-nous de déclarer tout d'abord que le principal mérite de ce système est son élasticité. Nous aurions pu, en vue d'utiliser toutes nos ressources du recrutement, qui, d'après la loi que nous proposons, s'élèveraient annuellement à plus de 200 mille hommes, constituer encore plus vigoureusement nos corps d'armée, porter le nombre des régiments de ligne à 9, celui des escadrons de chaque régiment de cavalerie à 5, donner dans l'artillerie le même nombre de batteries à la division à cheval qu'aux divisions montées, ce qui eût augmenté de beaucoup nos effectifs de paix et de guerre. Nos régiments de landwehr pourraient également être formés à 3 bataillons au lieu de 2. Mais, lorsqu'on veut installer un système, il ne faut pas l'appliquer de suite dans ses dernières limites, et il vaut mieux avoir à créer de nouveaux éléments, suivant les ressources, qu'à en supprimer d'anciens auxquels on ne pourrait satisfaire.

La question économique vient en outre appuyer ces considérations, et en raison de l'état déplorable de nos finances, nous devons choisir un système qui, peu onéreux dans le présent, garantisse les exigences de l'avenir.

I. Il permet en temps de guerre l'utilisation de toutes les forces morales et physiques de la nation.

Notre tableau n° 20 prouve qu'en cas de mobilisation, le chiffre de notre armée peut atteindre plus d'un million d'hommes dès le début de la guerre.

Nos treize corps d'armée, avec leurs effectifs complets de mobilisation, nous permettent de jeter en première ligne 520 mille hommes; en arrière, comme réserve, se trouve la landwehr à laquelle s'adjoignent les escadrons et batteries de remplacement, ce qui fait pour notre armée mobile un chiffre total de 760 mille hommes se décomposant ainsi qu'il suit :

	Combattants.	Non-combattants.	Total.
États-majors.	2,000	2,500	4,500
Infanterie. { 103 régiments. / 24 bataillons de chasseurs.	340,865	8,706	349,571
99 régiments de cavalerie	63,370	5,841	69,211
13 régiments d'artillerie de campagne	42,316	3,480	45,796
13 bataillons du génie.	16,666	403	17,069
13 bataillons du train.	»	31,637	31,637
Médecins et vétérinaires.	»	2,786	2,786
Services administratifs	»	6,000	6,000
96 régiments de landwehr	196,224	2,880	199,104
96 escadrons de remplacement.	14,880	576	15,456
12 régiments d'artillerie de places fortes.	19,692	600	20,292
Total de l'armée mobile.	696,013	65,409	761,422

Enfin, nous avons encore 110,000 hommes de troupes de remplacement d'infanterie et 195,000 hommes de troupes de garnison qui peuvent être massés sur les derrières de l'armée pour couvrir ses communications et combler les vides qui se produisent dans la première ligne.

Dès que les troupes de remplacement d'un corps quelconque sont mobilisées, on en forme de nouvelles, et cette opération se fait facilement, les cadres étant fournis par le régiment ou bataillon, les hommes par le district de landwehr correspondant.

D'ailleurs, l'important, pendant la guerre, n'est point d'augmenter ses formations, mais de maintenir constamment celles qui existent à leur maximum d'effectif : on évite ainsi une des causes les plus puissantes de démoralisation. Le feu, les maladies, les fatigues ont bien vite décimé les armées en campagne, et au bout de six mois la plupart des hommes ont dû être renouvelés. C'est ce qui fait qu'avec une organisation pouvant encadrer seulement un million d'hommes, on arrive bien vite à épuiser des ressources de recrutement d'un chiffre double, et que nous pensons que l'organisation que nous proposons est suffisante pour utiliser, à un moment donné, tous les éléments de la nation.

La loi de recrutement, que nous avons développée plus haut, met en outre à notre disposition toutes les forces intellectuelles et morales des citoyens, et nous pouvons dire que *l'armée serait bien véritablement alors la nation en armes*, le *faisceau de toutes les forces vives du pays*.

Au point de vue militaire, les éléments tactiques y entrent dans une proportion normale. Nous avons indiqué, en parlant de l'organisation tactique de chaque arme, dans quelle proportion devaient se trouver les divers éléments actifs d'une armée.

Le nombre des combattants, par arme, dans l'organisation proposée, est le suivant :

Infanterie de ligne et landwehr : 537,089 combattants.

Cavalerie et escadron de remplacement. 78,250

Artillerie de campagne . . . 42,316

243 batteries, 1,458 pièces.

La cavalerie forme le septième environ de l'infanterie; l'artillerie de campagne a un effectif égal au douzième ou au treizième de l'infanterie, et à un peu plus de la moitié de la cavalerie. Le nombre des bouches à feu est à peu près de 3 par 1,000 hommes d'infanterie, de 2 et demi par 1,000 hommes de toutes armes.

C'est le chiffre de notre artillerie qui serait relativement le plus faible, car la proportion des pièces d'artillerie par 1,000 combattants, que nous avons indiquée, est plutôt trop faible que trop forte; aussi, de toutes les augmentations successives, celle qui nous paraîtrait la meilleure, serait de porter à 4 le nombre des batteries à cheval de chaque régiment d'artillerie de campagne. Mais, pour le moment, l'organisation proposée nous semble suffisante.

II. En temps de paix, il allége les charges militaires et est suffisant pour assurer l'instruction des citoyens.

Nous avons dit qu'en principe l'armée permanente devait être l'école de guerre de la nation, et que tout citoyen valide devait passer un temps plus ou moins long sous les drapeaux, afin d'y recevoir une instruction militaire qui lui permît de défendre efficacement sa patrie au jour du danger. Nous avons cherché à réduire le plus possible les charges militaires, en les étendant d'un côté indistinctement à toutes les classes de citoyens, en réduisant de l'autre le plus possible la durée du service effectif et la limitant strictement aux besoins de l'instruction. Nous avons, enfin, rendu au soldat classé dans la réserve et dans la landwehr tous ses droits de citoyen, sans la moindre restriction, ni dans le choix de sa résidence, ni pour son mariage.

Le tableau n° 19 présente l'effectif maximum de notre organisation militaire en temps de paix. Ce chiffre ne serait vraisemblablement pas atteint. Nous avons limité aux sous-officiers et à quelques soldats le droit de rengagement, et la plus grande partie de l'armée ne serait formée que de recrues de moins de deux ans de service dans l'infanterie, de moins de trois dans la cavalerie et les armes spéciales; les recrues du train, les soldats employés en cas de mobilisation dans les services administratifs, et tous les dispensés ne feraient que six mois de service; enfin, il est à espérer qu'il y aurait un grand nombre d'engagements volontaires d'un an.

Dans tous les cas, si les charges qui en résulteraient, paraissaient encore trop lourdes, momentanément du moins, pour le pays, on pourrait réduire à dix-huit mois le service dans l'infanterie, à deux ans celui dans la cavalerie et les armes spéciales, et on réaliserait ainsi d'importantes économies, sans toutefois compromettre le système et surtout l'avenir.

Notre organisation qui, même en temps de paix, comporte de forts effectifs de compagnies, escadrons ou batteries, se prête facilement à toutes ces combinaisons, et on peut réduire énormément le chiffre de l'armée sur le pied de paix, tout en laissant à ces unités tactiques une consistance suffisante.

L'armée permanente devenant simplement une école de guerre, destinée à former des recrues, nous avons dû, pour rendre la tâche des officiers de troupes moins dure, augmenter les cadres des sous-officiers.

Nous avons relevé l'importance des chefs de compagnie, escadron ou batterie, en mettant sous leurs ordres un personnel plus considérable : les fonctions de lieutenant et de sous-lieutenant sont considérées comme un stage pour arriver à ce grade important ; leur nombre est relativement plus grand que par le passé, mais les garanties sont moindres, et l'avenir dans la carrière militaire ne leur est ouvert que par leur aptitude et le zèle qu'ils apportent dans l'accomplissement de leurs devoirs.

L'arbitraire disparaît dans l'avancement au grade d'officier, et là, comme partout, la capacité seule crée des droits.

Ce système se prête à une mobilisation rapide, grâce au principe de décentralisation que nous avons adopté, et qui fait que toutes les opérations nécessaires, ayant lieu par corps d'armée, sont énormément simplifiées et beaucoup plus rapides, qu'elles n'exigent, enfin, l'intervention d'aucune autorité centrale, ni au moment de la déclaration des hostilités, ni même pendant la guerre.

III. Enfin, il est économique.

L'économie d'un système militaire dépend de deux éléments : l'un variable et l'autre fixe.

L'élément variable est le nombre d'hommes et de chevaux que l'État entretient annuellement, et qui dépend des conditions financières et de la situation politique du pays ; nous avons indiqué, dans ce qui précède, par quels moyens on pouvait arriver à réaliser des notables économies en diminuant le temps de présence effective sous les drapeaux.

L'élément fixe est constitué par les cadres en officiers et sous-officiers, lesquels doivent rester complétement indépendants des fluctuations que peut subir le chiffre total de l'armée sur le pied de paix. Il est important par conséquent, que le nombre en soit déterminé strictement en raison des besoins, particulièrement dans les hauts grades.

Notre tableau n° 21, présente l'ensemble des économies que donnerait l'organisation proposée, relativement à l'ancienne, en ce qui concerne les officiers.

Le nombre des maréchaux est maintenu d'après l'effectif actuel : les grands commandements militaires, auxquels était attachée une dotation de cent mille francs pour frais de représentation, sont supprimés ; une partie est employée à la solde des 17 généraux d'armée que nous proposons de créer, et dont les appointements seraient de 30,000 francs. Il resterait encore une somme d'au moins 200,000 francs de disponible.

Les réductions opérées sur les différents grades sont les suivantes :

38 généraux de division, à 20,000 fr.	760,000
66 généraux de brigade, à 15,000 fr.	990,000
100 colonels, à 6,000 fr.	600,000
157 lieutenants-colonels, à 5,000 fr.	785,000
206 commandants, à 4,000 fr. . .	824,000
2417 capitaines, à 3,000 fr. . . .	7,251,000
796 lieutenants, à 2,400 fr. . . .	1,910,400
215 sous-lieutenants, à 2,000 fr. . .	430,000
Total . . . . . fr.	13,550,400

Voilà donc, sur le personnel seulement des officiers, une économie de près de quatorze millions. Nous en avons signalé une autre, très-importante également, qui consiste à n'atteler en temps de paix que quatre pièces par batterie, sans les caissons.

Les renseignements suffisants nous manquent pour établir d'une manière précise l'économie générale qui résulterait de l'adoption du système que nous proposons. Nous doutons d'ailleurs de la possibilité de faire ce calcul avant que l'expérience soit venue en donner les bases certaines; mais nous sommes convaincus de la supériorité de cette organisation, même au point de vue économique.

IV. La France peut-elle abdiquer son rôle de puissance militaire de premier ordre ?

Si la France n'eût été grande que par sa puissance militaire, elle serait aujourd'hui tombée bien bas. Mais ce n'est point le triomphe de la force matérielle qui assure le prestige d'un peuple, et, malgré ses infortunes et ses revers présents, il reste encore à notre patrie assez de gloire dans le domaine de l'intelligence, des lettres, des sciences et des arts pour qu'elle puisse marcher fière au milieu des nations.

Toutefois, si le soin égoïste de sa grandeur peut lui permettre de négliger les succès de la guerre, son histoire, ses traditions, les intérêts les plus graves de la civilisation, lui défendent d'abdiquer son rôle de puissance militaire de premier ordre. Il faut en effet dans les relations des peuples, comme dans celles des individus, une répression aux abus qui peuvent se commettre; la France seule, de tous les peuples, a toujours eu assez de générosité pour mettre son bras au secours du faible et de l'opprimé.

Du jour où, égarée par un gouvernement qui n'avait ni ses aspirations, ni ses instincts, elle a rompu avec ses traditions du passé, et a laissé consommer sous ses yeux l'écrasement du Danemark, elle a pour ainsi dire justifié le droit de la force : elle a commis un crime dont nous expions aujourd'hui bien cruellement les fatales conséquences.

Reprenons donc la marche glorieuse que nous ont tracée nos ancêtres, et que l'épée de la France soit toujours prête à soutenir les droits de la civilisation ; mais ne cherchons point dans une augmentation de territoire un accroissement de puissance et de grandeur.

Les conquêtes par les armes sont plutôt une cause d'affaiblissement pour un peuple : les nationalités se sont depuis longtemps affirmées en Europe, et malheur à celui qui croit pouvoir en violer impunément les principes et en disposer au gré de ses fantaisies.

Quant à nous, que ces rudes épreuves ont pu écraser mais non abattre, ne perdons point de temps et réédifions l'avenir. Songeons que la prospérité matérielle ne fait point la grandeur d'une nation, et que les idées morales seules peuvent lui donner la force nécessaire pour triompher de tous les obstacles. Elles se résument dans ces trois mots : Dieu, patrie, famille.

Et dans quelques années, lorsque la France entière, marchant d'un pas ferme dans les voies de l'ordre et de la liberté, appuyée sur les principes éternels de la morale, de la justice et du droit des peuples, réclamera à la Prusse les territoires qu'elle s'est violemment annexés, nous ne doutons point que celle-ci, mieux éclairée sur ses propres intérêts, ne nous en fasse la restitution.

S'il en était autrement, nous en appellerions avec nos deux millions d'hommes au sort des armes, et, pénétrés de la sainteté de notre cause, nous entrerions de nouveau dans la carrière,

Avec Dieu, pour la patrie!

CHAPITRE XII.

Dispositions transitoires. — Licenciement général de l'armée.

Le principe d'une réorganisation complète de notre armée étant admis comme une impérieuse nécessité, on ne peut souhaiter de conditions plus favorables que celles dans lesquelles nous nous trouvons malheureusement aujourd'hui, pour accomplir ces réformes.

L'armée présente en effet le désordre et la confusion la plus complète : une grande partie de l'armée régulière est prisonnière depuis longtemps en Allemagne, et pour pouvoir continuer la lutte, le gouvernement a dû appeler sous les drapeaux toutes les catégories de citoyens, jeunes et vieux, célibataires et gens mariés, garde mobile et garde nationale sédentaire. On a improvisé des officiers au dévouement et au courage desquels nous nous plaisons à rendre hommage, mais dont beaucoup désireront rentrer dans la vie civile, dont quelques-uns aussi ne présentent pas au point de vue de l'avenir de notre armée, des garanties suffisantes d'instruction et d'expérience.

La délégation du gouvernement de la défense nationale en outre, dans un but dont nous ne devons pas soupçonner la loyauté, a comblé de faveurs, de distinctions honorifiques et de grades, des hommes qui n'avaient souvent d'autres mérites militaires que leurs opinions politiques, et nous avons vu conférer à la fois et à quelques jours d'intervalle des décorations et des grades supérieurs à des officiers qui n'avaient pas même pris part aux diverses batailles.

Ce renversement des lois ordinaires de l'avancement par la délégation de Tours est d'autant plus choquant que le gouvernement central n'a point suivi les mêmes errements pour l'armée de Paris, où les grades et les récompenses n'ont été distribués qu'avec impartialité et une judicieuse modération.

Nous pensons donc qu'une révision sérieuse de tous les grades conférés pendant la campagne, et particulièrement depuis le 1er septembre, doit avoir lieu : on éviterait ainsi de froisser dans leur juste susceptibilité des officiers qui, trahis par les événements, n'en ont pas moins fait courageusement leur devoir ; on prouverait enfin à l'armée que l'avancement dans ses rangs n'est pas, comme par le passé, le résultat de l'intrigue, mais du mérite.

Cette question n'est d'ailleurs que secondaire ; l'avenir se chargerait au besoin de rétablir le cours naturel des choses et de rendre à chacun la justice qu'il mérite.

Nous ne croyons pas non plus qu'il faille reconstituer l'armée avec les soldats qui ont assisté aux désastres de Sedan, de Metz et même de Paris. Les malheurs de la captivité ont affaibli le moral d'une grande partie d'entre eux, l'indiscipline y a fait de rapides progrès, et ce serait créer une cause d'affaiblissement dans l'avenir que d'y introduire de tels éléments. Le mieux est de les rendre à leurs familles en les inscrivant sur les contrôles de la réserve ou de la landwehr, suivant la classe à laquelle ils appartiennent, de faire en un mot table rase du passé.

Il ne faut point non plus apporter une trop grande précipitation dans cette œuvre de reconstitution : ouvrons une vaste enquête à laquelle chacun apportera le concours de ses lumières et de son expérience, que toutes les opinions se produisent, et que les représentants du pays ne prennent une détermination qu'en pleine connaissance de cause.

La France aura mieux à faire, d'ici quelque temps, qu'à reconstruire son armée : la garde nationale et la gendarmerie suffiront pour assurer la paix intérieure, et cette suppression momentanée sera avantageuse à la fois à nos finances et aux intérêts particuliers.

Nous demandons donc un *licenciement général* et le renvoi de tous les officiers, sans exception, dans leurs foyers. Chacun d'eux ferait connaître au ministre de la guerre le lieu de sa résidence, — et l'œuvre de régénération pourrait alors commencer.

Le ministre de la guerre, aidé des conseils et des lumières des membres du gouvernement et des quelques généraux qui ont fait preuve de véritables capacités militaires dans le cours de cette triste campagne, choisirait 16 généraux d'armée pour placer à la tête de l'état-major de l'armée, de l'artillerie, du génie et des 13 corps d'armée.

Ces généraux, réunis en comité, choisiraient ensuite les 50 généraux de division, les 100 généraux de brigade et les 30 colonels commandants de brigade, qui formeraient le cadre de notre état-major général ; les généraux de tout grade restant seraient, suivant leur aptitude physique, classés dans le cadre de réserve ou admis à la retraite.

Ce premier triage une fois fait, tous les généraux formeraient des comités d'armes, pour l'état-major, l'artillerie, le génie, l'infanterie et la cavalerie, et chacun d'eux convoquerait pour un examen tous les officiers supérieurs, y compris les capitaines proposés pour commandants, et établirait une liste générale de classement d'après la capacité des individus et sans tenir compte de l'ancienneté. Les premiers seraient nommés aux emplois vacants, les autres seraient mis à la retraite, ou placés en non-activité.

Les comités des corps spéciaux, particulièrement de l'état-major et du génie, sur lesquels nous demandons d'importantes réductions, pourraient proposer un certain nombre d'officiers, ayant une ancienneté convenable et l'aptitude voulue, pour passer avec le grade supérieur dans l'infanterie ou dans la cavalerie. — On conserverait dans l'état-major, pour ne point perdre les traditions et en attendant un meilleur recrutement, les officiers du corps actuels jugés les plus capables, jusqu'à concurrence de l'effectif que nous avons indiqué.

Le ministre de la guerre, pendant ce temps, procéderait, d'après les données statistiques, au partage de la France en corps d'armée, divisions, brigades et districts de landwehr.

Après le triage des officiers généraux et supérieurs dont nous venons de parler, le ministre nommerait les titulaires de ces divers commandements et constituerait le cadre en officiers supérieurs de chaque régiment.

Il se formerait alors des commissions de corps d'armée sous la présidence du général commandant, et composées des généraux de division et de brigade, auxquelles s'adjoindrait pour chaque corps une commission consultative dont feraient partie tous les officiers supérieurs.

Ces commissions examineraient tous les officiers du grade de capitaine, de lieutenant et de sous-lieutenant, et présenteraient au ministre une liste d'aptitude dans laquelle il ne serait pas tenu compte non plus de l'ancienneté des candidats, qui reprendraient toutefois leurs droits en rentrant au service.

Les officiers qui auraient des droits à la retraite pourraient y être admis d'office ; s'ils avaient moins de 30 ans de services, ils obtiendraient une retraite progressive et resteraient à disposition ; d'autres enfin seraient placés dans la landwehr et recevraient comme compensation, autant que possible, des emplois civils.

La réorganisation de l'armée, telle que nous la comprenons, exige pour être menée à bien de grandes qualités de la part de ceux qui seront chargés de l'accomplir : il faut à la fois la plus grande impartialité pour ne choisir que les plus capables, la plus grande énergie pour résister aux intrigues personnelles qui ne manqueront pas de se produire, la plus grande fermeté de cœur, enfin pour ne point laisser les principes fléchir devant des considérations de famille ou de fortune qui pourraient être en désaccord avec les véritables intérêts de l'armée.

Certes, les droits qu'on acquiert sur le champ de bataille en risquant sa vie pour son pays, sont les plus sacrés et un État qui les méconnaîtrait se déshonorerait dans le présent et compromettrait son avenir. Mais, dans ce naufrage de la patrie, où toutes les fortunes et toutes les existences ont été atteintes, l'armée doit payer son tribut au malheur général, et ce serait méconnaître ses instincts de générosité et de dévouement que de croire qu'elle n'est pas disposée à accepter les plus grands sacrifices, dans le présent du moins, pourvu que les droits acquis soient respectés.

Jusqu'à la reconstitution de l'armée, tous les officiers

seraient placés en demi-solde et nous demandons que, tant que le pays aura à supporter les charges énormes provenant des frais de la guerre et de l'indemnité que nous avons à payer à la Prusse, tous les traitements d'activité et les retraites nouvellement accordées soient, dans l'armée comme dans les emplois civils, frappés d'une retenue de 10 pour cent.

Après avoir reconstitué les cadres de l'armée en officiers, on ferait ensuite un choix de sous-officiers et d'anciens soldats pour instruire les recrues et assurer les différents services, et alors seulement, on appellerait sous les drapeaux la classe de 1871.

La landwehr serait en même temps organisée régulièrement, et dans deux ou trois ans au plus, notre état militaire atteindrait son complet développement.

Nous voici enfin arrivé au bout de la tâche pénible que nous nous étions imposée.

Puisse notre travail être accueilli par nos supérieurs comme un hommage de respectueux dévouement, par nos camarades comme une preuve d'affectueuse confraternité. Puisse le pays y trouver la trace des sentiments patriotiques qui débordent notre cœur en présence des malheurs qui l'écrasent : ce sont ses intérêts seuls qui nous ont guidé et auxquels nous avons cherché à donner satisfaction, en nous dégageant autant que possible de toute considération personnelle.

Nous avons dû faire violence à nos sentiments de discipline, et, dans l'intérêt de la vérité, critiquer parfois la conduite de chefs, pour lesquels nous n'en conservons pas moins la plus profonde sympathie. Qu'ils nous le pardonnent en raison du but que nous poursuivions.

Nous quittons la plume au moment même où la paix va nous permettre de rentrer dans notre patrie. En touchant son sol béni, nous nous rappellerons les belles paroles qui nous ont servi de devise, et nous lui crierons :

France, debout, ce sont les ennemis !

Coblenz, 23 février 1871.

TABLEAUX

PRÉSENTANT

les effectifs de chaque corps et de chaque arme sur le pied de paix
et sur le pied de guerre, d'après l'organisation proposée.

Tableau N° 1.

ÉTAT-MAJOR GÉNÉRAL.

I. Généraux d'armée. (17.)

1 ministre de la guerre.
1 chef d'état-major général de l'armée, chef du corps d'état-major.
1 grand maître de l'artillerie, chef de l'arme de l'artillerie.
1 général chef du corps du génie, et inspecteur général des places fortes.
12 commandants des corps d'armée territoriaux.
1 commandant du corps d'armée de l'Algérie.

II. Généraux de division. (50.)

4 directeurs au ministère (infanterie, cavalerie, artillerie, génie).
1 inspecteur général du corps d'état-major.
4 inspecteurs d'artillerie.
2 inspecteurs du génie et des places fortes.
1 général directeur du dépôt central d'artillerie.
1 général directeur du dépôt central des fortifications.
2 inspecteurs de gendarmerie.
2 inspecteurs du train.
24 commandants de division d'infanterie en France.
3 commandants de division en Algérie.
12 commandants de division de cavalerie en France.
1 commandant supérieur de la cavalerie en Algérie.
      Total : 57 fonctions de général de division.

III. Généraux de brigade. (100.)

48 commandants de brigade d'infanterie en France.
24 commandants de brigade de cavalerie en France.
12 commandants de brigade d'artillerie en France,

5 généraux commandant les écoles militaires : (Écoles d'application d'état-major — du génie et de l'artillerie; — école polytechnique — école spéciale militaire — école de cavalerie. Le Prytanée est commandé par un général du cadre de réserve.)
1 général commandant supérieur de l'artillerie en Algérie.
1 général commandant supérieur du génie en Algérie.
12 commandants de subdivision en Algérie.
    Total : 103 fonctions de général de brigade.

IV. Colonels commandants de brigade. (30.)

L'ancien cadre comprenait :
5 généraux de division ayant commandé en chef.
80 généraux de division.
160 généraux de brigade.

Tableau N° 2.

CORPS D'ÉTAT-MAJOR.

EMPLOIS.	Colonels.	Lieutenants-Colonels.	Commandants.	Capitaines.	Lieutenants.
Ministère de la guerre. — Dépôt de la guerre. — Grand état-major de l'armée.	6	»	18	»	»
12 états-majors de corps d'armée en France. (1 colonel, 1 commandant, 2 capitaines.)	12	»	12	24	»
1 état-major de corps d'armée en Algérie.	1	»	2	3	»
3 états-majors de division en Algérie.	»	3	3	»	»
24 états-majors de division d'infanterie, en France. (1 lieutenant-colonel ou chef d'escadron, 2 capitaines.)	»	16	8	48	»
12 états-majors de division de cavalerie. (Le général commandant supérieur de la cavalerie en Algérie a deux officiers d'ordonnance.)	»	»	12	12	»
48 brigades d'infanterie avec service territorial.	»	»	»	48	»
Officiers employés dans les écoles militaires.	1	1	5	9	»
Élèves à l'école d'état-major.	»	»	»	»	100
Total par grade.	20	20	60	150	100
Ancienne organisation.	35	35	110	300	100
DIFFÉRENCE EN MOINS.	15	15	50	150	»

Tableau Nº 3.

INTENDANCE.

EMPLOIS.	Intendants généraux.	Intendants.	Sous-intendants de 1re classe.	Sous-intendants de 2e classe.	Adjoints de 1re classe.	Adjoints de 2e classe.
1 intendant directeur de l'administration.	»	1	»	»	»	»
1 intendant en Algérie.	»	1	»	»	»	»
12 intendants de corps d'armée.	»	12	»	»	»	»
24 divisions d'infanterie en France.	»	»	24	»	»	»
3 divisions en Algérie.	»	»	3	»	»	»
1 professeur à l'école d'état-major.	»	»	1	»	»	»
2 directeurs adjoints au ministère.	»	»	2	»	»	»
12 divisions de cavalerie.	»	»	»	12	»	»
48 brigades d'infanterie.	»	»	»	12	36	»
Subdivisions en Algérie.	»	»	»	6	20	16
Services spéciaux.	»	»	»	»	24	84
Total par grade.	»	14	30	30	80	100
Ancienne organisation.	8	26	50	100	56	24
Différence en moins.	8	12	20	70	(24) en plus.	(76) en plus.

Tableau N° 4.

GENDARMERIE.

EMPLOIS.	Colonels.	Lieutenants-Colonels.	Commandants.	Capitaines.	Lieutenants.	Sous-lieutenants.
24 légions en France.	12	12	»	»	»	»
1 légion en Algérie.	»	1	»	»	»	»
Régiment de la garde de Paris.	1	1	»	»	»	»
Service général d'après l'annuaire de 1870. . . .	»	»	102	300	300	35
Total par grade. . . .	13	14	102	300	300	35
Ancienne organisation. . .	20	10	102	300	300	35
DIFFÉRENCE EN MOINS. . . .	7	(4) en plus.	»	»	»	»

Tableau N° 5.

ÉTAT-MAJOR PARTICULIER DE L'ARTILLERIE.

EMPLOIS.	Colonels.	Lieutenants-Colonels.	Commandants.	Capitaines de 1re classe.	Capitaines de 2e classe.	Lieutenants.	Sous-lieutenants.
Ministère de la guerre (direction).....	2	»	»	»	»	»	»
État-major de l'inspecteur général....	1	1	1	2	»	»	»
Aides de camp des inspecteurs......	»	»	»	4	»	»	»
Dépôt central de l'artillerie.......	7	»	»	»	»	»	»
État-major des 12 brigades d'artillerie...	»	»	12	12	»	»	»
État-major de la brigade d'artillerie en Algérie.............	»	1	1	3	»	»	»
(Le personnel des écoles régimentaires est pris dans les corps.)							
École centrale de pyrotechnie......	1	1	»	»	»	»	»
Poudreries.............	»	»	4	4	»	»	»
Manufactures d'armes..........	»	2	4	3	»	»	»
Inspection des foyers..........	»	»	6	6	»	»	»
Fonderie de Bourges..........	1	»	2	»	»	»	»
Capsulerie de guerre à Paris.......	1	»	1	»	»	»	»
Écoles militaires et d'application....	1	»	4	18	»	»	100 (élèves.)
12 directions d'artillerie.........	12	12	27	50	»	»	»
Total par grade...	26	17	62	102	»	»	100

(Voir au tableau n° 13 la différence d'effectif pour toute l'arme.)

Tableau N° 6.

ÉTAT-MAJOR PARTICULIER DU GÉNIE.

EMPLOIS.	Colonels.	Lieutenants-Colonels.	Commandants.	Capitaines de 1re classe.	Capitaines de 2e classe.	Lieutenants.	Sous-Lieutenants.
Ministère de la guerre (direction)	1	1	»	»	»	»	»
État-major de l'inspecteur général	1	»	1	2	»	»	»
Aides de camp des inspecteurs	»	»	»	2	»	»	»
Dépôt central des fortifications	»	1	1	2	»	»	»
Arsenal de construction du génie	1	»	»	»	»	»	»
12 directions du génie en France	12	12	30	30	30	»	»
1 direction en Algérie	1	2	6	18	»	»	»
Directions des colonies	»	»	4	12	»	»	»
Écoles militaires et d'application	»	»	7	8	8	»	50 (élèves.)
Total par grade	16	16	49	74	38	»	50

(Voir au tableau n° 14 la différence d'effectif pour toute l'arme.)

Tableau Nº 7.

INFANTERIE.

Effectif d'une compagnie.

1 capitaine.
1 lieutenant.
2 sous-lieutenants.
} 4 officiers.

1 sergent-major.
1 sergent-fourrier.
1 enseigne.
4 sergents.
7 sous-officiers.
} 14 sous-officiers.

6 tambours ou clairons.
24 soldats de première classe.
206 soldats de deuxième classe.
} 236 hommes.

1 infirmier.
2 ouvriers non-armés.
} 3 employés militaires ou non-combattants.

TOTAL : 4 officiers. — 250 hommes. — 3 non-combattants. — 1 cheval.

État-major du régiment.

1 colonel.
1 lieutenant-colonel.
1 capitaine adjudant-major.
1 lieutenant porte-drapeau.
1 médecin-major de première classe.
1 major.
1 capitaine d'habillement.
1 capitaine trésorier.
1 sous-lieutenant adjoint au trésorier.
2 lieutenants adjoints aux commandants de district de landwehr.
1 sous-officier secrétaire.

Le peloton hors rang comprend :
    1 sergent-major.
    6 sous-officiers, maîtres-ouvriers, vaguemestre, secrétaire du trésorier.
    25 ouvriers. (En temps de guerre le nombre de ceux-ci est illimité.)

Effectif d'un bataillon.

1 chef de bataillon.
1 capitaine adjudant-major.
} 2 officiers.

1 sous-officier secrétaire.
1 caporal-tambour.
} 2 hommes.

1 médecin-major de 2ᵉ classe ou aide-major de 1ʳᵉ classe.
1 armurier.
1 infirmier.
} 3 non-combattants.

TOTAL : 18 officiers. — 1002 hommes. — 15 non-combattants. — 7 chevaux.

LES BATAILLONS FORMANT CORPS ont en plus : un capitaine-major, 1 lieutenant-trésorier, 1 lieutenant d'habillement, 1 médecin-major de 2ᵉ classe et une section hors rang composée de 2 sous-officiers et 10 ouvriers. L'effectif est alors de : 21 officiers. — 1002 hommes. — 28 non-combattants. — 8 chevaux.

Effectif du régiment.

64 officiers. — 3007 hommes. — 78 non-combattants. — 28 chevaux.

Par grade :
1 colonel.
1 lieutenant-colonel.
4 chefs de bataillon ou majors.
18 capitaines.
15 lieutenants.
25 sous-lieutenants.
1 médecin-major de première classe.
1 médecin-major de deuxième classe.
2 médecins aides-majors.

Tableau N° 8.

INFANTERIE.

Effectif des différents Grades.

CORPS.	Colonels.	Lieutenants-Colonels.	Commandants.	Capitaines.	Lieutenants.	Sous-Lieutenants.
96 régiments d'infanterie.............	96	96	384	1,728	1,440	2,400
24 bataillons de chasseurs............	»	»	24	144	144	192
3 régiments de zouaves..............	3	3	12	54	45	75
3 régiments de tirailleurs............	3	3	12	54	45	75
1 régiment étranger (3 bataillons).....	1	1	4	18	15	25
3 bataillons d'infanterie légère d'Afrique....	»	»	3	18	18	24
Régiment de sapeurs-pompiers de Paris (organisation actuelle)...............	1	1	3	18	12	12
7 compagnies de discipline...........	»	»	»	7	7	7
69 officiers employés dans les écoles militaires (hors cadres)..................	2	2	4	21	40	»
192 commandants de districts de landwehr (hors cadres).....................	»	»	54	138	»	»
Total par grade...	106	106	500	2,200	1,766	2,810
Ancienne organisation...	119	119	510	3,723	2,979	3,051
DIFFÉRENCE EN MOINS....	13	13	10	1,523	1,213	241

Tableau N° 9.

CAVALERIE.

Effectif d'un escadron.

1 capitaine.
2 lieutenants.   } 5 officiers.
2 sous-lieutenants.

1 maréchal-des-logis-chef.
1 maréchal-des-logis-fourrier.
1 enseigne.   } 14 sous-officiers.
4 maréchaux-des-logis.
7 sous-officiers.

2 trompettes.
124 cavaliers de première classe. } 136 hommes.
cavaliers de deuxième classe.

1 infirmier.
5 ouvriers non-armés.   } 6 non-combattants.

TOTAL : 5 officiers. — 150 hommes. — 6 non-combattants. — 162 chevaux.

État-major du régiment.

1 colonel ou lieutenant-colonel commandant le régim.
1 chef d'escadron chargé des détails de l'instruction.
1 capitaine-adjudant-major.
1 lieutenant porte-étendard.
1 sous-officier secrétaire.
1 trompette-major.
1 médecin-major de deuxième classe.
2 médecins aides-majors.
1 vétérinaire en premier.
4 vétérinaires en second ou aides-vétérinaires.
1 major.
1 capitaine d'habillement.
1 capitaine-trésorier.
1 sous-lieutenant adjoint au trésorier.

Le peloton hors rang comprend :

1 maréchal-des-logis-chef.
6 sous-officiers maîtres-ouvriers, vaguemestre, secrétaire du trésorier.
20 ouvriers. (En temps de guerre le nombre de ceux-ci est illimité.)

Effectif du régiment.

28 officiers. — 602 hommes. — 59 non-combattants. — 667 chevaux.

Par grade :

1 colonel ou lieutenant-colonel.
2 chefs d'escadron ou majors.
7 capitaines.
9 lieutenants.
9 sous-lieutenants.
3 médecins.
5 vétérinaires.

Tableau N° 10.

CAVALERIE.

Effectif des différents Grades.

CORPS.	Colonels.	Lieutenants-Colonels.	Commandants.	Capitaines.	Lieutenants.	Sous-Lieutenants.
76 régiments de cavalerie	38	38	152	532	684	684
3 régiments de spahis (provisoirement, ancienne organisation)	3	3	12	51	18	36
Compagnies de cavaliers de remonte	»	»	»	9	18	26
Service des remontes (hors cadres)	3	3	13	25	»	»
Officiers employés dans les écoles militaires (hors cadres)	2	2	6	15	40	»
Total par grade. . . .	46	46	183	632	760	746
Ancienne organisation. . . .	71	68	246	1,070	615	10,38
DIFFÉRENCE EN MOINS.	25	22	63	438	(145) en plus.	292

Tableau N° 11.

ARTILLERIE (TROUPES).

I. Régiment d'artillerie de campagne.

1° Nombre de batteries.

Un régiment se compose de :
3 divisions montées de 4 batteries chacune ;
1 division à cheval de 3 batteries ;
Chaque batterie est de 6 pièces.

TOTAL : 15 batteries, 90 pièces.

2° Effectif d'une batterie.

1 capitaine de première classe.
2 lieutenants.
1 sous-lieutenant. } 4 officiers.

1 maréchal-des-logis-chef.
1 maréchal-des-logis-fourrier.
1 enseigne.
6 maréchaux-des-logis.
11 sous-officiers. } 20 sous-officiers.

24 canonniers de 1re classe.
96 canonniers de 2e classe. } 120 hommes.

1 infirmier.
5 ouvriers non-armés. } 6 non-combattants.

TOTAL : 4 officiers. — 140 hommes. — 6 non-combattants. — En garnison, 37 chevaux. — Sur le pied de guerre, 120 chevaux.

3° État-major du régiment.

1 colonel.
2 lieutenants-colonels.
7 chefs d'escadron.
15 capitaines de 2e classe (à la suite).
5 sous-officiers secrétaires.
1 médecin-major de 1re classe.
4 médecins-majors de 2e classe ou aides-majors.
1 vétérinaire en premier.
4 vétérinaires en 2e ou aides-vétérinaires.
1 major.

1 capitaine d'habillement (1re classe).
1 capitaine trésorier (1re classe).
1 lieutenant adjoint au trésorier.

Le peloton hors rang comprend :

1 maréchal-des-logis-chef.
6 sous-officiers, maîtres-ouvriers, vaguemestre, secrétaire du trésorier.
25 ouvriers. (En temps de guerre le nombre de ceux-ci est illimité.)

4° Effectif du régiment.

89 officiers. — 2105 hommes. — 132 non-combattants. — 625 chevaux en garnison.

Par grade :

1 colonel.
2 lieutenants-colonels.
8 chefs d'escadron.
17 capitaines de première classe.
15 capitaines de deuxième classe.
31 lieutenants.
15 sous-lieutenants.
5 médecins.
5 vétérinaires.

Tableau N° 12.

ARTILLERIE (TROUPES).

II. Régiment d'artillerie de place.

1° Composition du régiment.

Un régiment d'artillerie de place forte se compose de :
L'état-major du régiment ;
2 divisions de 4 compagnies chacune.

2° Effectif d'une compagnie.

1 capitaine de première classe.
2 lieutenants.
1 sous-lieutenant.
} 4 officiers.

1 maréchal-des-logis-chef.
1 maréchal-des-logis-fourrier.
2 maréchaux-des-logis.
4 sous-officiers.
} 8 sous-officiers.

8 canonniers de 1re classe.
84 canonniers de 2e classe.
} 92 hommes.

1 infirmier.
2 ouvriers non-armés.
} 3 non-combattants.

TOTAL : 4 officiers. — 100 hommes. — 3 non-combattants.

Une division est commandée par un chef d'escadron.

3° État-major du régiment.

1 colonel ou lieutenant-colonel.
2 chefs d'escadron.
1 capitaine-major de 1re classe.
1 lieutenant d'habillement.
1 lieutenant-trésorier.
1 médecin-major de deuxième classe.
1 médecin aide-major.
3 sous-officiers secrétaires.
Et un peloton hors rang composé de :
1 maréchal-des-logis-chef.
4 sous-officiers.
20 ouvriers.

4° Effectif du régiment.

38 officiers. — 803 hommes. — 50 non-combattants. — 14 chevaux.

Par grade :

1 colonel ou lieutenant-colonel.
2 chefs d'escadron.
9 capitaines de première classe.
18 lieutenants.
8 sous-lieutenants.
2 médecins.

Tableau N° 13.

ARTILLERIE (RÉCAPITULATION).

Effectif par Grade.

EMPLOIS.	Colonels.	Lieutenants-Colonels.	Commandants.	Capitaines de 1re classe.	Capitaines de 2e classe.	Lieutenants.	Sous-Lieutenants.
État-major particulier.	26	17	62	102	»	»	100
12 régiments d'artillerie de campagne. . .	12	24	96	204	180	372	180
13e régiment d'artillerie de campagne en Algérie	1	2	8	17	15	31	15
12 régiments d'artillerie de place. . . .	8	4	24	108	»	216	96
Compagnies d'ouvriers d'artillerie. . . .	»	»	»	20	20	40	»
Compagnies de canonniers artificiers. . .	»	»	»	6	6	12	»
Compagnies d'armuriers.	»	»	»	1	1	2	»
Total par grade. . .	47	47	190	458	222	673	391
Ancienne organisation. .	54	60	224	440	281	485	150
DIFFÉRENCE EN MOINS. . .	7	13	34	41		(188) en plus	(241)

Tableau N° 14.

GÉNIE (TROUPES).

Effectif d'une compagnie.

1 capitaine de 1re classe.
1 capitaine de 2e classe. } 5 officiers.
2 lieutenants.
1 sous-lieutenant.

Même personnel en sous-officiers et soldats que les compagnies d'infanterie.

Total : 5 officiers. — 250 hommes. — 3 non-combattants. — 2 chevaux.

Effectif du bataillon.

L'état-major comme celui d'un bataillon d'infanterie formant corps.

Total : 25 officiers. — 1,002 hommes. — 28 non-combattants. — 12 chevaux.

Par grade :

1 chef de bataillon.
10 capitaines.
10 lieutenants.
4 sous-lieutenants.
2 médecins.

GÉNIE (RÉCAPITULATION).

Effectif par Grade.

EMPLOIS.	Colonels.	Lieutenants-Colonels.	Commandants.	Capitaines de 1re classe.	Capitaines de 2e classe.	Lieutenants.	Sous-Lieutenants.
État-major particulier.	16	16	49	74	38	»	50
Troupes du génie (13 bataillons).	»	»	13	65	65	130	52
Total par grade.	16	16	62	139	103	130	102
Ancienne organisation.	32	32	117	207	184	116	62
DIFFÉRENCE EN MOINS.	16	16	55	68	81	(14) en plus.	(40) en plus.

Tableau N° 18.

TRAIN (PIED DE PAIX).

1° Effectif d'une compagnie.

1 capitaine.
1 lieutenant.
2 sous-lieutenants.
} 4 officiers.

1 maréchal-des-logis-chef.
1 maréchal-des-logis-fourrier.
4 maréchaux-des logis.
8 sous-officiers.
} 14 sous-officiers.

1 trompette.
24 cavaliers de 1re classe.
75 recrues (à 6 mois de service)(*).
} 100 hommes.

1 infirmier. — 1 non-combattant.

Total : 4 officiers. — 114 hommes. — 1 non-combattant.

2° Effectif du dépôt.

1 capitaine-major.
1 lieutenant d'habillement.
1 lieutenant-trésorier.
1 sous-officier adjoint au trésorier.
Une section de 10 ouvriers.

3° Section d'ouvriers boulangers.

Son effectif varie par corps d'armée, suivant les besoins : elle est employée dans la manutention. Elle se compose de chefs-ouvriers (sous-officiers), de soldats des deux classes.

4° État-Major du bataillon.

1 chef d'escadron.
1 capitaine adjudant-major.
1 médecin-major de 2e classe.
1 médecin aide-major.
1 vétérinaire en second.
1 aide-vétérinaire.
1 sous-officier secrétaire.

5° Effectif du bataillon.

21 officiers. — 457 hommes. — 19 non-combattants (sans compter les boulangers).

Par grade :

1 chef d'escadron.
6 capitaines.
6 lieutenants.
8 sous-lieutenants.
2 médecins.
2 vétérinaires.
26 voitures. — 130 chevaux.

Effectif par Grade.

EMPLOIS.	Colonels.	Lieutenants-Colonels.	Chefs d'escadrons.	Capitaines.	Lieutenants.	Sous-Lieutenants.
13 bataillons du train attachés aux corps d'armée.	»	»	13	78	78	104
Compagnies d'ouvriers de parcs de construction.	»	»	»	8	8	8
Personnel de la direction des parcs.	»	»	4	4	8	»
Total par grade.	»	»	17	90	94	112
Ancienne organisation. { Train d'artillerie.	1	1	7	69	44	25
Ancienne organisation. { Train des équipages.	1	2	7	70	82	87
Différence en moins.	2	3	(3) en plus.	49	32	»

(*) La compagnie reçoit deux fois par an ses 75 recrues.

Tableau Nº 16.

TRAIN (PIED DE MOBILISATION).

EMPLOIS.	Chefs d'escadrons.	Capitaines.	Lieutenants.	Sous-Lieutenants.	Hommes.	Chevaux.	Voitures.
État-major	1	1	»	»	4	8	1
5 colonnes d'approvisionnements. . . .	»	5	2	3	470	775	160
1 colonne de boulangerie de campagne. .	»	»	1	»	118	26	5
1 dépôt de chevaux.	»	1	1	»	97	150	1
3 compagnies de brancardiers	»	»	3	3	459	12	»
1 direction d'ambulance.	»	1	»	»	6	9	1
6 ambulances de corps d'armée ou divisions.	»	»	3	3	180	276	66
9 colonnes de munitions.	»	1	4	5	711	1,368	»
Colonnes de pontons et matériel du génie.	»	»	1	1	203	383	»
Dépôt du bataillon.	»	1	2	»	100	3	»
Bagages des états-majors et corps de troupes (chiffres approximatifs).	»	»	2	2	100	120	100
Total par bataillon. .	1	10	19	17	2,548	3,130	334
12 bataillons du train mobilisés.	12	120	228	204	30,576	37,560	3,340
Bataillon du train en Algérie.	1	6	6	8	476	300	120
TOTAL GÉNÉRAL. . .	13	126	234	212	31,052	37,860	3,460

Tableau N° 17.

MÉDECINS MILITAIRES.

EMPLOIS.	Médecins inspecteurs.	Médecins principaux.	Médecins-Majors de 1re classe.	Médecins-Majors de 2e classe.	Aides-Majors de 1re classe.	Aides-Majors de 2e classe.	Aides-Majors en plus en cas de MOBILISATION.
96 régiments d'infanterie.	»	»	96	96	192	»	(96)
24 bataillons de chasseurs.	»	»	»	24	24	»	(24)
3 régiments de zouaves.	»	»	3	3	6	»	(3)
3 régiments de tirailleurs.	»	»	3	3	6	»	(3)
1 régiment étranger	»	»	1	1	2	»	(1)
3 bataillons d'infanterie légère.	»	»	»	3	3	»	»
Sapeurs-pompiers de Paris.	»	»	1	1	2	»	»
76 régiments de cavalerie.	»	»	»	76	152	»	(76)
3 régiments de spahis.	»	»	3	3	6	»	»
13 régiments d'artillerie de campagne.	»	»	13	26	26	»	(12)
12 régiments d'artillerie de places fortes.	»	»	»	12	12	»	»
12 bataillons du génie.	»	»	»	12	12	»	»
12 bataillons du train.	»	»	»	12	12	»	(24)
13 médecins d'armée.	13						
13 directions d'ambulance de corps d'armée.	»	13	13	»	13	»	»
78 ambulances de corps d'armée et de division.	»	78	156	78	»	100	(680)
Total par grade.	13	91	289	350	468	100	(919)
Ancienne organisation.	7	80	260	300	400	100	»
DIFFÉRENCE EN PLUS.	6	11	29	50	68	»	(919)

Tableau N° 18.

VÉTÉRINAIRES MILITAIRES

EMPLOIS.	Vétérinaires principaux.	Vétérinaires en premier.	Vétérinaires en second.	Aides-Vétérinaires	Aides-Vétérinaires en cas de MOBILISATION.
13 vétérinaires principaux.	13	»	»	»	»
76 régiments de cavalerie.	»	76	152	76	(76)
3 régiments de spahis.	»	3	3	6	»
Compagnies de cavaliers de remonte et service des remontes.	»	24	»	»	»
13 régiments d'artillerie de campagne.	»	13	26	26	(12)
13 bataillons du train.	»	13	13 »	»	(36)
Total par grade.	13	129	194	108	(124)
Ancienne organisation.	5	122	127	59	»
DIFFÉRENCE EN PLUS.	8	7	67	49	(124)

Tableau N° 19.

EFFECTIF MAXIMUM SUR LE PIED DE PAIX.

CORPS.	Officiers.	Soldats.	Non-Combattants.	Chevaux.
État-major général.	197	»	»	788
Corps d'état-major.	350	»	»	540
Intendance.	»	»	254	328
Gendarmerie (officiers seulement).	764	»	»	791
État-major particulier de l'artillerie.	306	»	»	248
État-major particulier du génie.	243	»	»	225
103 régiments d'infanterie.	6,592	309,721	8,034	2,884
24 bataillons de chasseurs.	504	24,048	672	192
3 bataillons d'infanterie légère d'Afrique.	63	3,006	84	24
Régiment de sapeurs-pompiers.	47	2,004	65	24
7 compagnies de discipline.	21	1,750	21	7
Officiers d'infanterie dans les écoles militaires.	69	»	»	»
Commandants de districts de landwehr (infanterie)	192	»	»	»
99 régiments de cavalerie.	2,772	59,598	5,841	67,133
Remontes, écoles militaires (chiffre approximatif).	162	2,000	»	1,500
Régiment d'artillerie de campagne en Algérie.	89	2,135	132	2,084
12 régiments d'artillerie de campagne.	1,068	25,260	1,584	7,500
12 régiments d'artillerie de places fortes.	456	9,636	600	568
13 bataillons du génie.	325	13,026	364	156
13 bataillons du train.	273	5,941	247	1,630
Parcs de construction (chiffre approximatif).	40	200	»	100
Médecins militaires.	»	»	1,304	1,418
Vétérinaires militaires.	»	»	439	452
Services administratifs (chiffre approximatif).	»	»	4,000	»
Total.	14,533	458,325	23,641	88,589

496,499 hommes.

Tableau N° 20.

EFFECTIF SUR LE PIED DE GUERRE.

CORPS.	Officiers.	Soldats.	Non-Combattants.	Chevaux.
État-major général.	394	»	»	1,062
Corps d'état-major.	700	»	»	1,080
Intendance.	»	»	254	600
Gendarmerie (officiers seulement).	764	»	»	794
État-major particulier de l'artillerie.	306	»	»	248
État-major particulier du génie.	243	»	»	225
103 régiments d'infanterie mobiles.	6,592	309,724	8,034	2,884
103 bataillons de remplacement.	1,858	103,206	1,545	721
24 bataillons de chasseurs.	504	24,048	672	192
24 compagnies de remplacement.	96	6,000	72	24
3 bataillons d'infanterie légère d'Afrique.	63	3,006	84	24
Régiment de sapeurs-pompiers.	47	2,004	65	24
7 compagnies de discipline.	21	1,750	21	7
Écoles militaires et districts de landwehr.	261	»	»	»
99 régiments de cavalerie.	2,772	59,598	5,841	67,133
96 escadrons de remplacement.	480	14,400	576	15,552
Remontes et écoles militaires.	162	400	»	500
Régiment d'artillerie de campagne en Algérie.	89	2,135	132	2,081
12 régiments d'artillerie de campagne (batteries de remplacement et parcs compris).	1,260	38,832	3,348	34,292
12 régiments d'artillerie de places fortes.	456	19,236	600	168
13 bataillons du génie.	390	16,276	403	482
13 bataillons du train.	585	»	31,052	37,860
Parcs de construction du train.	40	200	»	400
Médecins militaires.	»	»	2,223	2,337
Vétérinaires militaires.	»	»	563	481
Services administratifs (chiffre approximatif).	»	»	6,000	500
96 régiments de landwehr.	3,840	192,384	2,880	1,920
192 bataillons de garnison.	3,456	192,384	2,880	1,344
TOTAL GÉNÉRAL.	25,379	985,580	67,245	172,431
	1,078,204 hommes.			

Tableau N° 21.

TABLEAU COMPARATIF DU

Dans l'ancienne organisation.

GRADES.	Maréchaux.	Généraux ayant commandé en chef.	Généraux de division.	Généraux de brigade.	Colonels.	Lieutenants-Colonels.	Commandants.	Capitaines.
État-major général.	8	6	80	160	»	»	»	»
Corps d'état-major.	»	»	»	»	35	35	110	300
Intendance militaire	»	»	(8)	(26)	(50)	(100)	(56)	(24)
État-major de place	»	»	»	»	30	15	56	200
Gendarmerie	»	»	»	»	20	10	102	300
Infanterie	»	»	»	»	119	119	510	3,723
Cavalerie	»	»	»	»	71	68	246	1,070
Artillerie	»	»	»	»	54	60	224	721
Génie	»	»	»	»	32	32	117	391
Train d'artillerie	»	»	»	»	1	1	7	69
Train des équipages	»	»	»	»	1	2	7	70
Médecins militaires	»	»	»	(7)	(40)	(40)	(260)	(300)
Vétérinaires militaires	»	»	»	»	»	»	(5)	(122)
TOTAL PAR GRADE.	8	6	88	193	453	482	1,700	7,290
Nouvelle organisation	8	17	50	127	353	325	1,496	4,873
DIFFÉRENCE EN MOINS.	»	11 (en plus)	38	66	100	157	204	2,417

NOMBRE DES OFFICIERS PAR GRADE.

Dans l'organisation proposée.

Lieutenants.	Sous-Lieutenants.	Maréchaux.	Généraux d'armée.	Généraux de division.	Généraux de brigade.	Colonels.	Lieutenants-Colonels.	Commandants.	Capitaines.	Lieutenants.	Sous-Lieutenants.
»	»	8	17	50	100	30	»	»	»	»	»
100	»	»	»	»	»	20	20	60	150	100 (à l'école)	»
»	»	»	»	»	(14)	(30)	(30)	(80)	(100)	»	»
33	12	»	»	»	»	»	»	»	»	»	»
300	35	»	»	»	»	13	14	102	300	300	35
2,979	3,051	»	»	»	»	106	106	500	2,200	1,766	2,810
615	1,038	»	»	»	»	46	46	183	632	760	746
485	150	»	»	»	»	47	47	190	680	673	391
116	62	»	»	»	»	16	16	62	242	130	102
44	25	»	»	»	»	»	»	17	90	94	112
82	87										
(400)	(100)	»	»	»	(13)	(45)	(46)	(289)	(350)	(468)	(100)
(127)	(59)	»	»	»	»	»	»	(13)	(129)	(194)	(108)
5,281	4,619	8	17	50	127	353	325	1,496	4,873	4,485	4,404
4,485	4,404										
796	215										

Tableau N° 22.

RESSOURCES DU RECRUTEMENT.

Le nombre des inscrits en 1866 était de 326,095

Parmi les causes d'exemption de l'ancienne loi, nous ne conservons que celle pour infirmités, qui atteignait le chiffre de 26.88 %. Comme la faiblesse de vue ne serait pas non plus un motif suffisant d'exemption, ce chiffre peut être réduit à 25 %, ce qui fait sur le contingent total 81,524

Reste comme jeunes gens valides . . . 244,571

Les aînés d'orphelins, fils ou petits-fils de veuves, de septuagénaires ou d'aveugles, puînés de frères aveugles ou impotents, aînés de deux frères appelés à faire partie de la même classe, frères de militaires sous les drapeaux ou morts au service, sont simplement dispensés, lorsqu'ils sont réellement soutiens de famille, et font six mois de service.

Les chiffres, représentant le pour cent de ces différentes positions d'après l'ancienne loi, doivent être diminués pour les 5 premiers cas, augmentés pour les deux derniers. Nous conserverons le chiffre total, qui est de 16.76 %. Ce qui donne 54,175

Le nombre des dispensés, comme élèves de l'école polytechnique, membres de l'instruction publique, élèves de l'école normale ou des grands séminaires, est de 1.18 %. 3,847

Le nombre des engagements volontaires sera évidemment beaucoup plus considérable, particulièrement pour ceux d'un an. Supposons-le de 15,000

Il y a donc à incorporer annuellement . . 171,549
La marine prend environ 8,000

Il reste pour l'armée de terre . . . 163,549

Satisfaisons d'abord aux besoins de la cavalerie et des armes spéciales, qui doivent en temps de paix avoir leurs effectifs complets.

Nous donnerons à la cavalerie . . . . 22,000 h.
à l'artillerie . . . . 15,000 »
au génie . . . . . 5,000 »
au train . . . . . 8,000 »   163,549
aux services administratifs . . . . . 3,549 »
L'infanterie aura la différence, c'est-à-dire 110,000 »

Dans ces conditions, l'effectif par arme sur le pied de paix, en supposant que les recrues fissent *deux ans de service effectif dans l'infanterie et trois ans dans les armes spéciales*, serait :

	Infanterie.	Cavalerie.	Artillerie.	Génie.	Train.	Services administratifs.
Dispensés 58,022 à 6 m. de service	29,011	»	»	»	»	»
Engagés volontaires d'un an . .	10,000	3,000	1,000	500	»	»
1re année de service (recrues). .	110,000	22,000	15,000	5,000	4,000	3,549
2e année	105,000	21,000	14,000	4,750	500	1,151
3e année	»	16,370	9,644	3,101	300	300
Total par arme . . .	254,011	62,370	38,644	13,351	4,800	5,000

Total général . . . . 378,176 hommes.

En ajoutant la gendarmerie et les états-majors, on arrive à un effectif total de 405,000 hommes.

Si le service est réduit à *dix-huit mois dans l'infanterie et à deux ans et demi dans les armes spéciales*, l'effectif total de l'armée n'est plus que de 335,000 hommes, se décomposant ainsi qu'il suit :

États-majors	4,726	
Gendarmerie	20,337	25,063
Infanterie	201,511	
Cavalerie	54,000	
Artillerie	34,000	310,311
Génie	11,000	
Train	4,800	
Services administratifs	5,000	
Total général		335,374

TABLE DES MATIÈRES.

TROISIÈME PARTIE.

LES CAUSES DE NOS DÉSASTRES.

CHAPITRE PREMIER.

Les causes de nos désastres.	5
Préparation insuffisante de la guerre	7
Mauvais système de mobilisation	9

CHAPITRE DEUXIÈME.

Constitution de l'armée mobile.	15
Personnel : généraux et états-majors	15
Instruction tactique des différentes armes.	27
Reconnaissances.	34
Ressort moral — esprit national — discipline.	37
Services administratifs — matériel.	47

CHAPITRE TROISIÈME.

De la stratégie.	59
Ses principes : mobilité des troupes, concentration sur le point décisif.	59
Avantages de l'offensive.	65

Rôle nouveau des places fortes 66
La stratégie de nos généraux. 69

CHAPITRE QUATRIÈME.

La tactique de nos généraux. 74
Les principes de la stratégie ont été souvent sacrifiés à des
   avantages tactiques 75
Étude insuffisante du terrain pour le choix des camps ou des
   positions — rarement des ouvrages rapides de fortification
   sont exécutés. 76
L'ordre de bataille n'est point basé sur la valeur relative des
   éléments de la position : il y a toujours un point faible. . . 79
Pendant l'action, mauvais emplacements des troupes de première ligne, réserves peu nombreuses et trop tôt engagées,
   point de commandement ni de direction. — Tous nos
   combats ont été exclusivement défensifs 79

CHAPITRE CINQUIÈME.

C'est dans nos institutions militaires qu'il faut chercher les
   causes vraies de nos désastres. 86
Mauvais système de recrutement. — Défaut d'élasticité des
   cadres de l'armée. — Avantages d'une organisation per-
   manente de corps d'armée. 88
Mauvais système d'avancement et de récompenses. . . . 96
Il n'y a dans notre armée que des spécialités. 103
Quelques mots sur le corps d'état-major. 105
Situation politique, morale et intellectuelle de l'armée en
   France. 106

QUATRIÈME PARTIE.

PROJET DE RÉORGANISATION DE L'ARMÉE.

CHAPITRE SIXIÈME.

Principes généraux. — Divers éléments du système proposé. — Obligation de servir. — L'armée est la nation en armes et comprend trois éléments : l'armée permanente avec une réserve, la landwehr et le landsturm. 111
Ensemble des principes d'organisation de l'armée. . . . 118
Organisation permanente des corps d'armée. 119
État-major général. — Corps d'état-major. — États-majors particuliers. — Intendance. — Gendarmerie. — Organisation tactique des corps de troupes. 122
Infanterie. 131
Cavalerie. 133
Artillerie. 136
Génie. 143
Train. 145
Médecins et vétérinaires militaires. 151
Services administratifs. 152

CHAPITRE SEPTIÈME

Recrutement de l'armée. — Exemptions. — Dispenses. — Exonération. — Conseils de révision. 154
Engagements volontaires. — Rengagements. 157
Passage des soldats dans la réserve. — Passe-militaire. — Certificat de conduite. Position des hommes de la réserve. — Réserve de remplacement. 158
Inscription sur les contrôles de la landwehr. 161

CHAPITRE HUITIÈME.

Avancement. 163
Officiers. L'instruction seule en temps de paix donne des droits pour devenir officier. 163

Choix des officiers : élèves des écoles militaires, enseignes ayant passé l'examen d'officier. 164
Les candidats officiers des corps de troupes sont soumis à l'acceptation du corps des officiers. 165
Promotion aux grades supérieurs. — Double principe : ancienneté, aptitude du candidat 166
Modification de la loi sur l'état des officiers. 167
Retraites progressives. 167
Avancement au choix limité aux officiers d'état-major et aux officiers employés dans les écoles militaires. 168
Cadre de réserve et de retraite pour les officiers généraux. 169
Avancement aux grades de soldat de 1re classe et de sous-officier. 170
Récompenses. 171

CHAPITRE NEUVIÈME.

Organisation de la landwehr. 173
Composition de la landwehr. — Districts de bataillon et de compagnie. — Personnel des districts. — Instruction, habillement et discipline. — Cadres de la landwehr . . . 173
Mobilisation des bataillons. 179
Officiers de landwehr n'appartenant pas à l'infanterie. . . 180
Médecins. — Vétérinaires. — Ingénieurs. 180
Troupes de garnison. 181

CHAPITRE DIXIÈME.

Résumé des opérations en cas de mobilisation de l'armée. Autorités et troupes mobiles. — Autorités et troupes de remplacement. — Bataillons de garnison. 182

CHAPITRE ONZIÈME.

Notre système répond-il aux exigences militaires et économiques ? 188
Il permet en temps de guerre l'utilisation de toutes les forces morales et physiques de la nation. — Les divers éléments tactiques y entrent dans une proportion normale. . . . 190
En temps de paix, il allège les charges militaires et est suffi-

sant pour assurer l'instruction des citoyens. — Il se prête
à une mobilisation rapide. 192
Enfin, il est économique. 195
La France peut-elle abdiquer son rôle de puissance militaire
de premier ordre. 196

CHAPITRE DOUZIÈME.

Dispositions transitoires. 199

Tableaux d'effectifs.

N° 1. État-major général. 209
2. Corps d'état-major. 211
3. Intendance militaire. 212
4. Gendarmerie. 213
5. État-major particulier de l'artillerie. 214
6. État-major particulier du génie. 215
7 et 8. Infanterie. 216
9 et 10. Cavalerie. 218
11, 12 et 13. Artillerie 220
14. Génie. 223
15 et 16. Train. 224
17. Médecins militaires. 226
18. Vétérinaires militaires. 227
19. Effectif maximum sur le pied de paix. 228
20. Effectif sur le pied de guerre 229
21. Tableau comparatif du nombre des officiers par grade
dans l'ancienne organisation et dans l'organisation proposée 230
22. Ressources du recrutement. 232

www.ingramcontent.com/pod-product-compliance
Lightning Source LLC
Chambersburg PA
CBHW071930160426
43198CB00011B/1336